Imposto de Renda da Pessoa Jurídica

Critérios constitucionais de apuração da base de cálculo

R296i   Renck, Renato Romeu
         Imposto de renda da pessoa jurídica: critérios constitucionais de apuração da base de cálculo: uma proposta de interpretação sistemática do Direito / Ranato Romeu Renck. — Porto Alegre: Livraria do Advogado, 2001.
         199 p.; 16x23cm.

         ISBN 85-7348-178-1

         1. Imposto de renda: Pessoa jurídica. 2. Imposto de renda: Base de cálculo. I. Título.

CDU 336.215.2

Índices para o catálogo sistemático:

Imposto de renda: Pessoa jurídica
Imposto de renda: Base de cálculo

(Bibliotecária responsável: Marta Roberto, CRB-10/652)

Renato Romeu Renck

Imposto de Renda da Pessoa Jurídica

Critérios constitucionais de apuração da base de cálculo

uma proposta de interpretação sistemática do Direito

livraria
DO ADVOGADO
editora

Porto Alegre 2001

© Renato Romeu Renck, 2001

Revisão de
Rosane Marques Borba

Projeto gráfico e diagramação de
Livraria do Advogado Editora

Direitos desta edição reservados por
Livraria do Advogado Ltda.
Rua Riachuelo, 1338
90010-273 Porto Alegre RS
Fone/fax: 0800-51-7522
info@doadvogado.com.br
www.doadvogado.com.br

Impresso no Brasil / Printed in Brazil

Aos filhos *Renato Jr.*, *Regis*, advogados, e ao *Cássio*, estudante de Direito, que me fazem companhia no exercício da vocação e dedicação ao trabalho em favor da Justiça

A *Catarina*, minha mulher, verdadeira guerreira na defesa dos seus, pelo apoio irrestrito, compreensão e incentivo.

A meu *pai*, em memória, e a minha *mãe*, que, na faina de pequenos agricultores, apostaram todo o seu trabalho na educação dos filhos

À neta *Giovanna*, pela certeza num mundo melhor e mais justo.

Ao professor *Paulo de Barros Carvalho*, pelo exemplo de trabalho científico, sua dedicação e amizade e que se dispôs a apresentar o presente livro aos leitores em prefácio extremamente elogioso.

Ao professor *José Artur Lima Gonçalves*, pelo espírito científico e criterioso acompanhamento com que fez a orientação da dissertação do mestrado que, modificada, resultou na presente obra.

Ao professor *Adalberto J. Kaspary*, pela dedicação profissional na apresentação e molduração do texto, na pessoa de quem também se homenageiam e agradecem as contribuições dos inúmeros outros amigos pela leitura dos rascunhos e valiosas contribuições e conselhos.

Prefácio

Mais do que mera presença de proposições descritivas de origens estranhas, a doutrina do Direito Tributário ostentou, durante considerável espaço de tempo, a confluência de métodos diversos, naquela "mancebia irregular" a que se referiu Alfredo Augusto Becker. E o resultado foi o que todos sabem: a falência, enquanto "conhecimento multidisciplinar", da nossa velha "Ciência das Finanças", que ousou ter a pretensão de relatar a atividade financeira do Estado, sob os mais diferentes enfoques temáticos. Ora, como a cada ciência cabe um, e somente um método, seria, como foi, tentativa vã descrever o mesmo objeto segundo ângulos cognoscentes distintos: econômico, histórico, antropológico, jurídico, ético e tantos mais.

Apoiada na pureza metodológica kelseniana, devidamente refletida no empirismo lógico do "círculo de Viena", a reação foi de certo modo radical, afastando da cogitação da Ciência do Direito, em sentido estrito, matérias que, a princípio, eram consideradas pré-jurídicas ou metajurídicas. Entre elas estiveram as Ciências Contábeis, malgrado o extenso plano desse setor coberto pela juridicidade. Hoje, o funcionamento das sociedades civis e comerciais está amplamente prescrito no direito positivo brasileiro, de tal modo que, conhecer tais campos significa, também, travar contacto com os preceitos jurídicos que lhes governam os passos. Penso residir aqui o excesso a que me referi. A pretexto de repudiar o que não fosse estritamente jurídico, a comunidade científica acabou desprezando domínios importantes para a disciplina das condutas inter-humanas.

Todo aquele que pretender aproximar-se da vida dessas sociedades, células indispensáveis para a movimentação econômica do país, verá que o trato com o direito tributário requer a consideração direta da linguagem contábil-fiscal, com sua particularíssima simbologia, cuidadosamente juridicizada pela legislação específica. A

Lei das Sociedades Anônimas, por exemplo, consagra porção expressiva de formulações oriundas das Ciências Contábeis, o que equivale a aborver tais conteúdos, outorgando-lhes relevância para o direito.

Os assim chamados "fatos contábeis" são construções de linguagem, governadas pelas diretrizes de um sistema organizado para registrar ocorrências escriturais, articulando-as num todo carregado de sentido objetivo.

Quando o direito se ocupa dessa trama sígnica, fazendo sobre ela incidir sua linguagem deôntica, temos o jurídico-prescritivo empregado na condição de meta linguagem, isto é, de linguagem de sobrenível, e a Ciência do Direito Tributário operando como metalinguagem, porém de caráter descritivo.

Poder-se-ia advertir que sempre tudo se passa assim, porquanto as normas jurídicas estariam, invariavelmente, percutindo sobre a linguagem, do social, com o que estou de acordo. Todavia, no caso dos registros contábeis, essa linguagem se interpõe acima da linguagem social e abaixo da camada lingüística do direito posto. É um estrato a mais, que o cientista do Direito não pode esquecer, tratando, como se trata, de um discurso voltado para uma finalidade precípua, qual seja a de estabelecer o procedimento técnico indispensável ao estabelecimento intersubjetivo dos fatos relevantes para o convívio socioeconômico. Os sistemas contábeis, com suas regras de formação e de transformação rigorosamente explicitados, dão espaço a um cálculo operacional próprio, além de toda a gama de dificuldades de cunho semântico e pragmático que sabemos existir.

Pois bem. É sobre a rede lingüística do imposto sobre a renda e proventos de qualquer natureza, na medida em que intersecciona a linguagem da contabilidade, imprescindível para a caracterização material dos fatos jurídicos tributários, que Renato Renck decidiu empreender sérias reflexões, a ponto de, nela, circunscrever sua dissertação de mestrado, sob a abalizadora orientação do Professor José Artur Lima Gonçalves.

Quero salientar que o projeto de investigação é original, deixando de lado aquele caminho tradicionalmente apegado à discussão das linhas básicas sobre a incidência de tão relevante tributo. Na verdade, este trabalho surpreende o imposto por outro enfoque, numa tomada de índole teórica, mas que não deixa o teste empírico da realidade brasileira sem referências diretas, sem tratamento prático, que chama a atenção do estudioso e leva o raciocínio a produzir informações valiosas, desde logo aplicáveis à solução direta de problemas que têm desafiado os mais doutos.

Com a competência acadêmica e profissional do Autor, advogado conhecido e respeitado, creio que a presente obra está destinada a satisfazer, plenamente, seus objetivos, pois estuda o imposto de competência da União em toda a estrutura de seu traçado jurídico-constitucional, até o patamar das normas individuais e concretas, pontos terminais do processo de positivação.

Por isso mesmo, é contribuição efetiva à Dogmática nacional, no âmbito tributário, sendo recomendada a todos que postulem analisar com mais profundidade o plexo de atos normativos atinentes a essa figura impositiva.

São Paulo, março de 2001.

Paulo de Barros Carvalho
Titular de Dir. Tributário da PUC/SP e da USP

Sumário

Identificação do objeto	13
Primeira Parte - Fundamentos teóricos	17
1. A questão metodológica e a formação de conceitos	19
2. A linguagem jurídica	35
3. O fundamento do direito posto	41
3.1. O ordenamento como estrutura das normas	41
3.2. A norma fundamental e o ordenamento jurídico	46
3.3. Postulados e critérios	49
3.3.1. Postulados	49
3.3.2. Critérios	51
3.4. Os princípios e as regras (sua diferenciação)	52
4. Da atribuição das competências legislativas na Constituição brasileira	61
4.1. A repartição das funções legislativas	61
4.2. A questão da hierarquia das normas	65
4.3. A lei nacional	70
4.4. A lei complementar tributária	74
4.5. Ficções e presunções constitucionais	79
5. Interpretação sistemática	81
5.1. Textos e contextos	81
5.2. A interpretação como construção de sentido	87
5.3. Planos de linguagem	89
5.4. Regras de estruturação semântica do direito	95
Segunda Parte - Critérios constitucionais da renda tributável (sua aplicação empírica)	103
6. Conteúdo dos conceitos econômicos de renda	105
6.1. Tipos de renda	105
6.2. A forma de medição da renda	108
6.3. A moeda como instrumento de medida da renda	109
6.4. O patrimônio	112
6.5. As empresas como núcleo de produção de renda	116
7. A questão relativa à apuração contábil	119
7.1. A contabilidade como linguagem de expressão do cálculo patrimonial	119
7.2. Os postulados contábeis	127
7.2.1. Postulado da Entidade	129

    7.2.2. Postulado da continuidade 130
    7.2.3. Postulado do valor constante da moeda 135
    7.3. Os princípios contábeis 137
    7.3.1. Princípio do registro pelo custo de aquisição 138
    7.3.2. Princípio da prudência 139
    7.3.3. Princípio da oportunidade 140
    7.3.4. Princípio da competência 140
    7.3.5. Princípio da realização da receita 141
    7.4. Discussão dos critérios de apropriação dos valores contábeis 143
8. Consolidação dos argumentos sobre o termo renda 147
    8.1. Reflexos da metodologia adotada 147
    8.2. O evento renda 151
    8.3. Conceito indireto de renda 154
9. Conceito de renda constitucional 159
    9.1. Os critérios da generalidade e da universalidade 159
    9.2. O critério da progressividade 163
    9.3. Capacidade contribuitiva (um limite ao poder de tributar) 164
10. Conclusões 167
    10.1. Critérios de cálculo da base calculada 167
    10.2. A questão da compensação do prejuízo fiscal 177
11. Crítica aos conceitos doutrinários 179
    11.1. Limites de aplicação da Lei Complementar 189
Bibliografia 197

Identificação do objeto

A doutrina brasileira já estabeleceu um conceito constitucional de renda, identificado como uma variação patrimonial positiva ocorrida entre o início e o fim de um determinado espaço temporal. Contudo, ainda não enfocou este tema de forma profunda, sob o ponto de vista do encadeamento dos fenômenos constitucionalmente relevantes que ocorrem no processo de formação de renda na pessoa jurídica. Por outro lado, o conceito teórico já existente é de certa forma aberto e não se presta, por si só, a estabelecer uma limitação ao poder de tributar materialmente concreta.

Cabe levar em conta que renda implica sempre uma base econômica real, que necessita ser quantificada; por isso, antes de estabelecer o conceito de renda, quer-se promover investigações específicas acerca do processo de formação do seu conteúdo econômico, para, então, enfrentar o tema relativo ao procedimento que identifica, por critérios de cálculo, a sua base imponível. Labora-se assim em dois planos distintos: a) no plano da linguagem, em que se pretende recolher os elementos e caracteres que conotam, materialmente, o termo renda, num conceito constitucional mais específico; b) no plano prático, para identificar as operações e mecanismos de interpretação - princípios, postulados e critérios - necessários e suficientes, que, aplicados, culminem na conformação constitucional da base calculada do imposto de renda, que nos termos da Carta Magna, art. 153, § 2º, deve ser informada pelos critérios da generalidade, da universalidade e da progressividade.

A discussão deste tema, como se verá, também inclui divergências quanto à eficácia das prescrições contidas na lei complementar, notadamente as dos arts. 43 e 44 da Lei nº 5.172-66 - CTN. Afirma uma corrente doutrinária, na maioria das vezes indiretamente, que a definição do conceito de renda formulado neste âmbito infraconstitucional é suficiente para fundamentar a validade da regra matriz da incidência tributária, enquanto outra entende ser esta conceituação meramente declaratória, estando contida integralmente no texto constitucional.

Para deslindar essa questão estuda-se, em subtítulos específicos, a estrutura hierárquica do ordenamento jurídico, que trata dos limites da competência do legislador, inclusive o complementar.

A formulação teórica nos remete, primeiro, ao âmbito tanto da teoria geral do conhecimento quanto da teoria geral da linguagem, que desempenham papel fundamental na formação dos conceitos jurídicos. Mediante a primeira, identifica-se o que é, e como se estabelece, a verdade cientificamente; pela segunda, estuda-se como esta verdade é representada por núcleos de conteúdo contextualizados.

Na hermenêutica moderna, a formação de contextos de linguagem vem-se impondo gradativamente e passa a ter ampla repercussão nos planos de eficácia das leis, afastando a aplicação de conceitos eminentemente teóricos, viabilizando uma concretização dos direitos constitucionais nos casos individuais. Por isto o estudo da aplicação do direito vem, gradativamente, ganhando importância enfraquecendo a postura metodológica positivista que não inclui este tema entre os que compõem o objeto da ciência do direito tributário. A este propósito leciona o professor José Artur Lima Gonçalves:[1]

> "A aplicação (bem como criação) do direito não é objeto de estudo pela dogmática jurídica (à luz do positivismo metodológico), posto que envolve decisão - ato de vontade - insuscetível de explicação pela ciência do direito constituída a partir de modelo teórico positivista.
> Não se trata mesmo de fenômeno passível de descrição pela ciência do direito (constituída a partir do modelo teórico do positivismo metodológico); não é fenômeno que se rege pelas regras de estrutura dessa ciência (enquanto confins sistemáticos de estudo)."

Nossa postura fundamental quanto ao núcleo central desta discussão é que a definição teórica do conceito de renda seja mais conotada com elementos inerentes à materialidade factual, identificados a partir do estudo do evento econômico, com vista à formação de uma *suma* de idéias que estruturam a significação real do termo.

No desenvolvimento do tema, levamos em conta, na medida do possível, a apresentação da questão nos diversos níveis de abstração em que a ciência estuda o direito, posicionando-nos mais no contexto da experiência e da vivência, com vista a estabelecer normas de interpretação que garantam a respeitabilidade dos direitos individuais concretos no momento da aplicação do direito. Assim, passa-se a dar importância ao evento traduzido em fato, promovendo um contraponto das teorias de interpretação eminen-

---
[1] *Estudos em homenagem a Geraldo Ataliba*, p. 158.

temente teóricas com a nova hermenêutica fundada na distinção clara entre o dever ser contido nos princípios e regras.

Robert Alexy adota esta distinção como fundamental na sua obra *Theorie der Grundrechte*, e afirma textualmente:

> "Para la teoria de los derechos fundamentales, la más importante es la distinción entre reglas y principios. Ella constituye la base de la fundamentación iusfundamental y es una clave para la solución de problemas centrales de la dogmática de los derechos fundamentales. Sin ella, no puede existir una teoria adecuada de los limites, ni una teoria satisfactoria de la colisión y tampoco una teoria suficiente acerca del papel que juegan los derechos fundamentales en el sistema jurídico".[2]

Em outros termos, quer-se isolar o modo de ser do evento renda para nele fundamentar o controle do poder de tributar.

Para enfrentar o estudo sob a ótica que nos propomos, dividimos o discurso em duas partes, ambas distribuídas em capítulos. Primeiro buscamos estabelecer uma base de estrutura teórica necessária para moldar uma pré-compreensão dos temas que serão tratados na segunda parte. Optou-se então, por enfrentar as questões essenciais situadas nos contextos da teoria do conhecimento, da teoria geral do direito, da teoria geral da constituição com vista a armar uma prévia estrutura de compreensão do tema proposto.

Seguimos, ao longe, as reflexões de Carlos Cóssio, que leciona:

> "En el conocimiento por explicacíon, cualquer retroceso en la dirección tomada por el espíritu cognoscente es un recomienzo y no aumenta el conocimiento, pues lo que ya fue explicado quedó del todo conocido. En cambio, vamos a verificar que, igual que en avance por una circunsferencia se retrocede sin cesar de una antípoda a otra, así cada retroceso en la dirección respecto de su etapa precedente, aumenta el conocimiento por compreensión llevándolo más adelante".[3]

Estudamos a teoria geral do direito e da constituição essencialmente no que concerne à outorga de competência de tributar renda e de legislar, da forma suficiente a reunir fundamentos para o estudo objetivo dos critérios de apuração da base calculada da renda.

Seguimos, pois, os que entendem que compreender requer sempre, primeiro, uma antecipação de sentido, que deve ser promovido pela apresentação dos elementos ordenados, às vezes de forma

---
[2] *La Teoria de los Derechos Fundamentales*, p. 81.
[3] *La Teoria egológica del derecho el concepto jurídico de libertad*, p. 78-79.

provisória, para, gradativamente, evoluir na proposição dos argumentos, dispostos de forma a servirem de fundamento às conclusões.

No capítulo final da primeira parte, apresentamos uma idéia ampla do que entendemos seja uma interpretação sistemática e buscamos estabelecer as regras de sintaxe que regulam a formação e a estruturação semântica básica dos conteúdos, contida nas normas jurídicas, que possa ser seguida na formulação da norma individual em que o direito deve ser concretizado.

Superados esses temas introdutórios da matéria, passamos, na segunda parte do estudo, às questões objetivas, enfrentando, a partir do capítulo sexto, a definição quanto aos componentes da suma de elementos que formam a significação do termo *renda*, sob a ótica econômica, para viabilizar o estudo dos dados materiais relevantes na formação do conceito constitucional.

Na segunda parte do livro, cuida-se da metodologia aplicável para se obter a base calculada da renda prescrita constitucionalmente. Nesse contexto, estuda-se a contabilidade, que, como se verá, constitui a linguagem de expressão da base calculada que materializa a hipótese de incidência, causadora da relação jurídico-tributária. Com este fundamento, juridicamente posto, têm-se condições para enfrentar a formação dos conteúdos necessários à formulação dos critérios de cálculo implícitos no conceito constitucional.

Nos capítulos derradeiros, submetem-se as conclusões estabelecidas no decorrer do texto a uma discussão crítica, orientada por uma metodologia empírico-dialética, para formular os critérios finais que delimitam a apuração objetiva da base impositiva denominada renda. Em alguns casos, agregam-se exemplos, com o mero objetivo - alerta-se desde logo - de trazer mais clareza ao estudo.

Lembra-se, expressamente, que não se inclui no propósito deste estudo a especificação da incidência das leis ordinárias, mas tão-somente a demarcação dos limites de sua validade, traduzida pelo conceito material de renda, conformado com a sua base calculada, estabelecida por critérios específicos, nos termos prescritos na Carta Magna.

Quer-se finalmente deixar registrado que o presente estudo se afasta da metodologia que orienta a formulação dos conteúdos científicos dominantes na ciência jurídico-tributária brasileira. Com isto não se quer promover um desacato teórico ao que foi construído, com muito labor, pelos doutrinadores. Ao contrário, pretende-se dar um enfoque com fundamentos científicos diversos, menos voltado ao conceito teórico, mais preocupado com a real concretização dos direitos constitucionais do contribuinte brasileiro.

PRIMEIRA PARTE
Fundamentos teóricos

1. A questão metodológica e a formação de conceitos

A nosso ver, a razão por que ainda não se formou, no seio da doutrina constitucional brasileira, uma estrutura material, cientificamente testada, que estabeleça os critérios materiais do cálculo da base impositiva do imposto de renda reside exatamente no fato de não se ter tratado a renda como evento econômico. Para superar esta lacuna, adotamos uma metodologia menos teórica e buscamos recolher os elementos - as notas - que caraterizam a renda, como coisa, com vista a reuni-los para formar a imagem mental que se projetará no momento da formação do conceito jurídico-constitucional de renda.

Esta vinculação do fato renda com os elementos que o caracterizam em linguagem é necessária para que este termo encontre sua delimitação material, por elementos de conotação de conteúdo concreto e suficientes, que sirvam de fundamentos da limitação constitucional do poder de tributar.

Para cumprir tal tarefa, estabelecemos um caminho que marca, por via de uma práxis jurídica, a articulação de argumentos encadeadora de axiomas, postulados, princípios e critérios científicos que permitam estabelecer um mecanismo de identificação e cálculo da renda em sintonia com todos os princípios e regras constitucionais.

Como isso, especificamente, quer-se estruturar a formulação de uma práxis que sirva de instrumento ao aplicador do direito tributário, para que, em base num conceito constitucional fechado, disponha de critérios técnicos para a apuração da base impositiva sob um enfoque que conduza ao estabelecimento da sua existência como coisa real.

Uma vez demarcado esse conteúdo, como núcleo de partida, identifica-se o que é renda, a partir de seus elementos essenciais, formadores de um cerne primário de significação, um desenho estrutural - base imponível do imposto de renda -, nos termos da prescrição contida no art. 153, III, da Carta Política.[4]

Para tal efeito não se quer depender do traçado de significação de outros conceitos isolados, tais como de propriedade, faturamento etc., que serão utilizados, nos capítulos finais, como argumentos aptos a reforçar a delimitação de contextos, dessa forma constituindo razões que somente servem para reforçar as conclusões, não se prestando, todavia, para dizer, diretamente, o que é renda.

Por isso se insiste exaustivamente, no curso de todo o estudo, na apresentação de argumentos para identificar o objeto - conceito de renda - com todos os seus elementos, de forma direta, tal qual ele brota como fato concreto, atendendo, assim, aos princípios que orientam a metodologia adotada.

É nosso entendimento que a doutrina brasileira, neste ponto, efetivamente se autolimitou teoricamente, e resiste em admitir que se discuta, dentro do discurso jurídico, o fato real subjacente ao conceito jurídico, e por isso rejeita estudos de temas inerentes a objetos originários de outras ciências. Neste sentido refere o professor José Artur Lima Gonçalves:

> "Cremos que esta tendência - de não questionar o processo preliminar de geração de conceitos de fatos jurídicos - decorre do predomínio nos estudos da matéria jurídico-tributária, de modelos teóricos calçados em premissa do positivismo metodológico, que não se propõe a descrever os atos de criação e aplicação do direito".[5]

Roberto Quiroga Mosqueira, um dos estudiosos que dedicou uma obra ao estudo da identificação do conceito de renda, preocupou-se, inclusive, em afirmar, expressamente, a exclusão - dos seus argumentos - de qualquer consideração sobre temas situados fora do contexto do direito.[6] Nesse sentido, segue a lição do professor Geraldo Ataliba, um dos estudiosos que mais contribui na formulação do estudo do direito tributário em base científica, quando este afirma:

---

[4] Segundo afirmação de Eros Roberto Grau, "Todo o conceito é uma 'suma' de idéias que para ser conceito tem de ser 'no mínimo' determinada; o mínimo que se exige de um conceito é que seja determinado. Se o conceito não for uma suma determinada de idéias, não chega a ser conceito" (*Direito posto e direito pressuposto*, p. 148).

[5] *Direito tributário - estudos em homenagem a Geraldo Ataliba*, p. 156.

[6] *Renda e proventos de qualquer natureza, O imposto e o conceito constitucional*, Dialética, p. 15.

"Buscar informações, observações, ponderações ou elementos fora do direito para elaborar suas categorias - o que fazem os que definem tributos por seus traços econômicos - é incidir na reprovação da mais lúcida doutrina: 'Não é demais repetir que para o jurista, ao elaborar categorias de direito, importa apenas colecionar princípios que se conectem organicamente de tal forma que através deles possa identificar e agrupar as normas que se aplicam em tal ou qual caso. Não irá encontrá-los fora do direito, mas dentro das características que juridicamente definem uma realidade'".[7]

O professor Celso Antônio Bandeira de Mello, mestre eminente da doutrina nacional e internacional, também leciona nessa mesma trilha:

"O direito, ciência jurídica como tal, tem, teve e não pode ter outro objeto senão o sistema de normas. Portanto, preordena-se não à essência das instituições sociais, mas à essência das instituições jurídicas, isto é à configuração normativa que reflete, com inevitáveis desajustes, a realidade social, mas, justamente por ser um 'refletor' com ela não se confunde. Tem sua própria e peculiar realidade, que deve ser analisada em si e compreendida em suas relações internas".[8]

Atendendo à lição de dois dos mais conceituados autores nacionais, que representam a quase unanimidade das posições da doutrina pátria em direito público, em princípio, em face da metodologia que mantém a teoria jurídica imune à *contaminação* de contextos estruturados em outros campos científicos, estaria vedado, em trabalho jurídico que visa a ter cunho científico, o exame minudente da formação da renda como fenômeno econômico.

Por essa metodologia, preponderante na comunidade científica brasileira, a Ciência Econômica, v. g., deve ser objeto de exame científico no local apropriado, não competindo ao Direito Tributário dela cogitar. O mesmo seria válido também para a Ciência Contábil, e, por isso, no âmbito do estudo científico do direito, também não se poderiam examinar os postulados contábeis e sua articulação com princípios científicos para fixar os critérios de cálculo da base impositiva do imposto de renda.

Não obstante toda essa barreira metodológica, queremos deixar expresso que, mesmo almejando fazer ciência, por assim julgar-

---
[7] *Hipótese da incidência tributária*, p. 136.
[8] *Natureza e regime jurídico das autarquias*, Revista dos Tribunais. p. 158.

mos necessário para identificar a *suma de idéias* retrocitadas e, com vista a formular a conotação do termo que expressa o conceito renda, incluímos em nosso discurso jurídico, com o detalhamento que entendemos suficiente, capítulo inteiro sobre a Ciência Econômica - na qual se localiza o cerne dos elementos que compõem a base semântica do conceito de renda.

Estudamos também a Contabilidade, porque ela constitui o corpo de linguagem que expressa os critérios do cálculo do patrimônio, suas mutações quantitativas e qualitativas, e nos aponta, por critérios de cálculo metodológico, o valor que a constituição adotou como hipótese de incidência do imposto sobre a renda. Esta postura já se justifica no próprio título da obra, cujo objetivo é identificar os critérios constitucionais a serem observados na quantificação do que é renda para a pessoa jurídica e que se encontram no âmbito da Ciência Contábil.

Na verdade, o método de interpretação que adotamos afasta-se da teoria perfilhada pela hermenêutica pátria tradicional, porque dá prioridade ao estabelecimento do real, subjacente ao direito teoricamente considerado. O fato real está compreendido no âmbito normativo e define a hipótese concretizada que deve ser narrada pelo intérprete no momento da construção da norma jurídica a ser aplicada a cada caso concreto.

A justificação desta conduta passa a ser ainda mais concreta quando se passar a demonstrar que deste estudo se recolherá a fundamentação de princípios e critérios constitucionais que formulam objetivamente a limitação do poder de tributar. Estes - princípios e critérios - orientam o aplicador do direito e servem também para se ter uma práxis jurídica apropriada para separar, do contexto da formulação da base calculada, meras diretrizes jurídicas inseridas no contexto da apuração do lucro, regido pelo Direito Comercial.

Conseqüentemente, em ligeira síntese, a necessidade de se examinar o objeto das Ciências Contábil e Econômica se justifica, num primeiro momento, pelos seguintes motivos:

a) para dar tratamento separado ao lucro estabelecido pela Lei Comercial e à renda delimitada pela Constituição;

b) para identificar os próprios critérios de cálculo, que, segundo o art. 153, § 2º, da Constituição, devem culminar em tributação *informada pelos critérios da generalidade, da universalidade e da progressividade.*

Trata-se de dois conceitos formulados em planos jurídicos diferentes e postos, inclusive, em dois planos práticos e teóricos diversos; e por isso há que estabelecer a diferença entre eles, pela identificação de seus elementos constitutivos, formando, assim, duas *sumas de idéias* distintas.

Tendo em vista que a apuração da renda tributada é formulada com base nos resultados contábeis (prescrita, atualmente, pelo Decreto-Lei nº 1.598/77, art. 7º, § 4º; Lei nº 7.450/85, art. 67, inciso XV, e art. 18 da Lei nº 9.249/95), o intérprete terá de enfrentar o contraste entre os critérios diferentes aplicados a cada uma desta hipóteses, notadamente para promover a adequação do lucro contábil, em base calculada do imposto sobre a renda, sem ferir o conteúdo do termo renda como fato jurídico-constitucional.

Uma vez que a lei tributária adota os princípios e regras contábeis para formular uma base primária de cálculo, é imperativo, para que se tenham condições teóricas de examinar esta base impositiva, estabelecer as regras que devem ser observadas na identificação da base calculada, empiricamente, ou seja, como alguma coisa existente no mundo social. Estas regras é que, a sua vez, implicarão o desenho dos lindes da hipótese de incidência do Imposto sobre a Renda segundo os princípios, postulados e critérios constitucionais.

Para traçar o contexto que relaciona os elementos racionais e factuais subjacente ao conceito de renda, percorreremos, pois, todo o seu processo de formação, objeto da Ciência Econômica, para nele localizar o cerne fixo da significação do conteúdo semântico do termo (renda) utilizado pela Carta Política como fator de controle do poder de tributação. Neste contexto localizamos o fato jurídico que, para constituir o pressuposto do exercício da competência de tributar (renda), deve existir no mundo social. Com isso se vincula a ocorrência da sua produção - que ocorre num processo dinâmico - ao surgimento da hipótese que poderá causar a relação jurídico-tributária.

Queremos ponderar, também, que este exame do conteúdo econômico de renda é necessário para diferenciar as hipóteses caracterizadoras do consumo definitivo de renda acumulada de outro fenômeno, totalmente diverso, que é consumo de renda acumulada no processo de produção, que gera uma renda nova, um acréscimo novo ao patrimônio de determinada pessoa por via de uma atividade especulativa. Estas duas hipóteses - de consumo de renda - constituem coisas diferentes, porque existem e ocorrem de modo e em contextos diversos. Não podem, assim, ser confundidas pelo intérprete, sob pena de laborar em erro de apreciação.

Com o estudo deste tema, tornou-se possível projetar luzes sobre a diferença entre *despesa necessária*, promovida com vinculação ao processo de formação de renda nova - em que se sucedem a aquisição de bens e as respectivas vendas e reinvestimento de renda existente - e os consumos de patrimônio, situados fora deste processo, e que, só por isso, não são dedutíveis para efeito da constatação da dimensão da base de cálculo.

Neste núcleo de estudo, ter-se-ão os fundamentos para estabelecer um critério jurídico de natureza constitucional que indica, com confortável grau de certeza, onde se encontra o limite legal de se negar o direito de dedução de um consumo, denominado contabilmente de despesa.

Em face de o processo de renda - que implica transferências de utilidade de um bem a outro - visar a um acúmulo de riqueza nova, têm-se também elementos para separar deste processo - identificando não incidências - os meros fenômenos de transferência de renda já existentes que ocorrem, v. g., nas heranças e na subscrição de capital de empresas. Ambas as hipóteses, sem dúvida, são acréscimos novos a um determinado patrimônio; todavia, como não decorrem de um processo de produção especulativa que gera renda por negócios jurídicos onerosos, constituem aumentos de patrimônio que, segundo nosso entender, não constitui renda tributável.

Para elucidar os meandros da questão, posta como objeto deste estudo, já se pode vislumbrar que é imprescindível penetrar no contexto em que se forma a base calculada efetiva e concreta do imposto de renda. Somente assim será viável o estudo dos fatores determinantes da limitação do poder de tributar, que carateriza a própria essência do subsistema tributário estabelecido pela Carta Política.

Não é demais reafirmar que a raiz semântica, ou significação originária, dos dois conceitos de renda - econômico e constitucional - é a mesma, visto não haver uma formação de renda como base impositiva do imposto diversa daquela gerada no amplo espaço social. A imagem representada pelo termo *renda* tem como fundo - formado por seus elementos constitutivos - um cerne fixo, constituído de uma *suma de idéias* que formam um núcleo de elementos tanto presentes no conceito de renda constitucional como no econômico.[9]

---

[9] Roque Antônio Carraza leciona: "É noção cediça unanimemente proclamada por pensadores da melhor suposição, que toda palavra (ou expressão) possui um ponto central, incontroverso, acerca de cuja significação as divergências são impossíveis" (*Curso de direito constitucional tributário*, p. 63).

Pelos ditames constitucionais se agregam aspectos a esta suma de idéias originárias - notas caracterizadoras novas -, cuja presença deve ser observada, para que se admita o poder de tributar. Além disso, como se verá, a Carta, ao conceituar renda, não concedeu relevância a alguns dos elementos presentes no conceito econômico, que só por isso serão excluídos do contexto jurídico, à medida que se constatar a sua irrelevância.

O exame das questões inerentes à Ciência Contábil - contexto em que se formulam os critérios constitucionais aplicados para se obter a base calculada de renda - igualmente se impõe, pela simples razão de a Constituição ter adotado um valor decorrente de uma diferença - de uma variação quantitativa positiva -, que ocorre num determinado patrimônio, que, por ser informado pelo critério universal, é único e está submetido a um processo de produção (de renda), também único. Logo, para se admitir o próprio fato jurídico-constitucional como coisa existente, pressupõe-se um cálculo que forçosamente deve ser identificado com base em critérios de quantificação antes de serem contrastados com o conceito constitucional.

Neste sítio destaca-se como essencial o exame do acompanhamento quantitativo e qualitativo do processo de produção de renda, que determina a adoção dos postulados contábeis - da entidade, da continuidade e de um padrão de medida constante -, por via dos quais se pretende comprovar que:

a) são inconstitucionais os critérios de apuração de renda da pessoa jurídica que orientam a atual legislação ordinária do Imposto de Renda, que implica tratamento quase estático da apuração de resultados - contábeis -, fundado na independência dos exercícios sociais;

b) os postulados e princípios contábeis, cientificamente estabelecidos, são ao mesmo tempo os limites da linguagem - jurídica e social neutra -, que permitem estabelecer os critérios de quantificação do patrimônio, e, por via de conseqüência, consubstanciam o cálculo do conteúdo factual de renda por critérios de combinação de conteúdos de linguagem postos nos preceitos legais;

c) a limitação do poder de tributar renda está contida num conceito, constitucionalmente fechado, constituído por critérios de cálculo específicos, que, ordenados, armam uma proteção harmonizada do contribuinte, por via dos princípios da capacidade contributiva, da isonomia e dos critérios constitucionais da generalidade e universalidade do conteúdo do termo *renda*.

Nos casos específicos, acima alinhados, se a seara de pesquisa do jurista, num primeiro momento, não for estendida ao âmbito das outras ciências, para que nelas se identifiquem os elementos que compõem a significação dos termos jurídicos, não se terá como argumentar, racionalmente, sobre o tema. Em face destes argumentos, a exclusão destas questões do contexto em que se forma o significado do termo em estudo, a nosso ver, implica laborar com preconceitos.

Contudo, cabe reafirmar que o campo teórico destas ciências não-jurídicas está situado em contextos específicos. Uma vez identificados (nestes contextos) os elementos que compõem determinado evento, cabe promover a separação das parcelas de conteúdo semântico que o direito tomou destes campos e transformou em jurídico, e, somente então, incluí-los, como elementos que conotam o fato jurídico, no contexto do direito, para formar o discurso jurídico.

Nesta transposição de elementos, em que se itersecionam os elementos factuais e conceitos jurídicos, o estudo se manterá no âmbito da cientificidade, orientado pelos critérios que estruturam a teoria geral do direito pela metodologia que busca a concretização dos eventos e dos valores reais, por via da linguagem.

A este propósito, quer-se ponderar também que, da leitura total dos ensinamentos da doutrina, se constata que é defeso ao cientista do direito v. g., confundir a linguagem elaborada no contexto econômico com a que deve ser utilizada no contexto científico do direito. Neste sentido assevera o professor Lourival Vilanova:

> "E norma jurídica positiva não se realiza socialmente sem estatuir relações, relações entre condutas, entre fatos do mundo, entre fatos do mundo social e do mundo natural socialmente relevantes: o mundo físico ingressa no mundo social, fazendo-se socialmente relevantes. Juridicamente relevante é o fato do mundo (natural e social) que se torna, suporte de incidência de uma norma; norma que lhe atribui efeitos, que não os teria sem a norma".[10]

Mas, cabe esclarecer desde logo que, no âmbito em que se busca conceituar renda, entram em cena três definições: a conotativa, a denotativa e a estipulativa.

A conceituação conotativa se faz pela descrição dos elementos que compõem determinada significação. Parte-se do estudo do objeto concreto - a coisa existente - a ser conhecido e se passa a

---
[10] *Causalidade e relação no direito*, p. 21.

enumerar suas qualidades, seus elementos constitutivos materiais, e vai-se formando uma suma de idéias (materialmente existentes), suficiente para identificá-la de forma genérica quando se manifestar no mundo. Uma vez formado um núcleo de idéias descritivas do objeto, têm-se os elementos para traduzir seu conteúdo, sua significação. Afirma Roberto Quiroga Mosqueira:

> "O significado conotativo de um termo é o modelo que pensamos primeiramente, isto é, definir as coisas pelas propriedades que elas têm. São as chamadas características definitórias. Dispondo desse tipo de definição passamos a 'entender' o significado das coisas e não somente 'identificá-las' como é o caso da definição denotativa".[11]

Pela definição conotativa se enumera - a partir do objeto da definição - um conjunto de elementos pertencentes a determinado objeto, coisa ou situação, que compreendem determinado conceito, expresso por um termo.

Assim, quando o legislador seleciona no mundo real os eventos para transformá-los em fatos jurídicos - vale dizer, transformar um evento num fato que causa conseqüência jurídica na condição de pressuposto -, obrigatoriamente se utiliza de um termo. Este será, pois, veículo único que insere o evento no contexto da norma jurídica. Da inclusão do evento na linguagem jurídica resulta o fato jurídico. É apropriada, para elucidar esta questão, a lição de José Artur Lima Gonçalves, que assevera: "Então, entre o 'evento' e o direito (aqui tomado como norma) existe uma 'passagem' que toma aquele 'algo concreto' para transformá-lo em 'elemento lingüístico', em conceito significante de uma realidade (evento), que é o fato jurídico".[12]

Para entender o fenômeno da incidência, tal qual está posto na doutrina nacional tributária, deve-se ter presente que o evento subjaz ao fato jurídico, mas forma um plano de realidade independente da norma. Esta divisão em dois planos não é admitida na teoria que seguimos.

Para elucidar a diferença entre as duas posições metodológicas, novamente nos servimos da lição de José Arthur Lima Gonçalves, que afirma:

---

[11] *Renda e proventos de qualquer natureza*, p. 32.
[12] *Direito tributário. Estudos em homenagem a Geraldo Ataliba 1* - Lançamento meditação preliminar, p. 154.

"Os eventos - plano material, fenomênico - não existem para o plano dos objetos culturais antes de serem traduzidos - por meio da linguagem em conceitos (fatos). O 'fato' é a fotografia lingüística do 'evento'; o fato é o conceito do evento, transportando-o do plano fenomênico para o plano dos objetos culturais".[13]

Concordamos com o autor quando refere que a linguagem traduz o evento em um fato, que por sua vez é veículo de manifestação dos eventos - reais - em todas as instâncias do conhecimento humano. O fato é composto por via de núcleos significantes próprios, que traduzem conotativamente os elementos que o formam. A linguagem se utiliza de fatos como meio - veículo - de manifestação de conhecimentos específicos de todas as ciências.

Contudo José Artur Lima Gonçalves, examinando os subplanos dos fatos, afirma:

"Já no plano dos objetos culturais haverá um primeiro subplano dos fatos (conceito de eventos), o segundo subplano das normas (que se reporta ao subplano dos fatos), e o terceiro subplano das proposições descritivas (ciência do direito), que se reporta ao subplano das normas".[14]

Nesta transcrição se pode constatar um núcleo da idéia determinante da doutrina atual, que constitui um ponto que marca a divergência metodológica a que nos reportamos.

Especificamente, não admitimos que existam dois planos - de linguagem - que isolam o evento real da norma jurídica. Na verdade o que existe é um só plano normativo que se divide em dois subplanos: 1) das proposições normativas que têm natureza geral porque aplicada a uma universalidade de situações; 2) o subplano da hipótese concretizada em cada caso de aplicação das normas gerais. Entendemos que, pela linguagem, o real está dentro do plano normativo e deve ser objeto de constatação pelo intérprete no momento de aplicação das normas gerais. Para se estabelecer a diferença entre as duas posturas metodológicas basta que se tenha presente que o conceito adotado pela doutrina predominante é descritiva de um objeto. Em nosso entendimento, o conceito da hipótese de incidência normativamente estabelecido é narrado pelo legislador e deve ser recomposto, pela constatação dos elementos que o formam, pelo intérprete no momento em que aplica o direito

---
[13] Idem, p. 157.
[14] Id., Ibid.

ao caso concreto. Em outros termos, o real constituí um elemento interno do plano normativo. O intérprete se situa dentro do próprio ato de aplicação dos textos legais e constrói, a partir de conexões dos sentidos, estabelecidos pelas proposições normativas, a norma jurídica para o caso concreto. Cabe mencionar, para fundamentar nossa posição, o que refere o professor Lourival Vilanova:

> "As normas não são postas para permanecer como estruturas de linguagem, ou estruturas de enunciados, bastantes em si mesmas, mas reingressam nos fatos, de onde provieram, passando do nível conceptual e abstrato para a concrescência das relações sociais, onde as condutas são como pontos ou pespontos do tecido social".[15]

Deve-se, contudo, seguindo as lições do emérito professor de direito tributário alemão Konrad Hesse, buscar um caminho entre a realidade e a norma jurídica, evitando os extremos.

> "A radical separação, no plano constitucional, entre realidade e norma, entre ser (*Sein*) e dever ser (*Sollen*), não leva a qualquer avanço em nossa indagação. Como anteriormente observado, essa separação pode levar a uma confirmação, confessa ou não, da tese que atribui exclusiva força determinante às relações fáticas. Eventual ênfase numa ou noutra direção leva quase inevitavelmente aos extremos de uma norma despida de qualquer elemento da realidade ou de uma realidade esvaziada de qualquer elemento normativo. Faz-se mister encontrar, portanto, um caminho entre o abandono da normatividade em favor do domínio das relações fáticas, de um lado, e a normatividade despida de qualquer elemento da realidade de outro".[16]

Com isso quer-se afirmar que a ciência jurídica, ao formular conceitos jurídicos, o real, no momento em que é descrito pela linguagem doutrinária, constitui o segundo plano, e não um terceiro, como afirma o professor Geraldo Ataliba.[17]

---

[15] *Causalidade e relação no direito*, p. 88.

[16] Konrad Hesse, *Força normativa da constituição*, p. 14.

[17] "20.8. Deve-se distinguir o conceito, como ato de pensamento (como conteúdo de pensamento), do objeto do conceito. "Por isso, o conceito funciona como um princípio de simplificação, constatando-se, aqui, como o conhecimento não é, nem poderia ser, uma duplicação do real" (Lourival Vilanova, *Sobre o Conceito do Direito*, p. 15).
Daí a inclinação dos filósofos a comparar o conceito ao *speculum* que não duplica nem reproduz o objeto, apenas o espelhando.
20.9. "O Conceito representa o objeto, não por suas propriedades ontológicas, mas

A diferença entre a metodologia que se contesta é que entendemos que no Direito Constitucional, estão inseridos os fatos econômicos reais, e não somente ideais. Os eventos reais é que, em última instância, são utilizados para delimitar a competência para produzir a hipótese de incidência das normas jurídicas tributárias, que, no momento em que ocorrem, desencadeiam a relação tributária. Promove-se, assim, pelo uso do termo, na concretização - no caso individual - uma intersecção entre estes dois subplanos: o plano da realidade social (do existente) e o da linguagem prescritiva (proposições normativas) jurídico que passam a constituir um fragmento de norma essencial para estabelecer o conteúdo do termo *renda*. Neste momento de intersecção se forma o fato jurídico, e para tanto se aglutinam, num só feixe, camadas de linguagem social e técnica.

Cabe ter em mente que o contexto normativo é constituído por dois subplanos distintos a) o subplano, das proposições normativas contidas nos textos e que não têm sentido como uma norma concluída; b) o subplano de concretização das proposições normativas ao caso concreto que se dá por via da aplicação de um intérprete. No primeiro subplano as proposições genéricas narram os elementos que compõem a regra matriz da incidência legal estabelecendo gêneros, espécies ou subespécies. No segundo subplano (o da concretização dos proposições ao caso individual) é que - pela incidência - se constata a presença dos elementos destes gêneros espécies ou subespécies nos casos reais. Pela interpretação se faz a mediação entre os dois subplanos (que constituem o plano normativo total) por via da intervenção de um aplicador.

O Direito, que tem imperatividade, desde que o faça objetivamente, pode adaptar os conteúdos dos significados materiais para o seu uso. Constituem-se, então, muitas vezes, compreensões semânticas diferentes, mas que continuam mantendo parte de sua signifi-

---

quando o ato de pensamento leva em si, com existência ideal só representa um determinado conteúdo, o conceito significa o objeto, está intencionalmente dirigido a ele" (Walter Bragger, *Diccionário de Filosofia*, Ed. Herder, Barcelona, 1953, p. 60).
20.10. O conceito legal - como parece claro - designa (espelha) uma coisa, designação esta que é seu conteúdo. Por isso, o conteúdo da h.i. não é o estado de fato, mas sua designação ou descrição; a h.i., portanto, significa o estado de fato, dirige-se a ele, mas com ele se não confunde. A h.i., é o conceito (legal).
20.11. É que o estado de fato, descrito pela h.i., é o objeto do conceito legal em que ela se constitui. A h.i., é a descrição de um estado de fato. Este é objeto da descrição e não ela mesma. A descrição (h.i.) é uma coisa exterior, distinta e externa ao seu objeto (o estado de fato)" (Geraldo Ataliba, *Hipótese de incidência tributária*, p. 55).

cação originária, porque ficam presas ao conteúdo material que representam. Mas, quando o direito não altera o conteúdo semântico, pela desestruturação dos elementos que constituem os fatos, criando um conceito teórico, por via estipulativa, o intérprete deve examinar o evento para, mediante conotação, estabelecer o fato. O aplicador não pode pois adotar um conceito teórico ideal, no momento da concretização da norma individual e concreta, sem que a lei o tenha estipulado. Assim, no exame de conceito de renda, se não for constatada esta alteração de conteúdo feita pela Constituição, a lei ou o aplicador não podem afastar-se do fato real.

A segunda forma de definição - a denotativa - quando comparada com a conotativa, implica caminho inverso: usa-se determinado conceito já estabelecido e se passa a verificar qual é o evento - objeto, coisa ou situação - por ele compreendido. Trata-se da condução do mecanismo mental de forma inversa à conotação: têm-se os elementos já identificados num conceito - para se ter determinada significação - e por ele se busca enquadrar as coisas, objetos e situações.

Neste caso, não se parte da análise do objeto para estabelecer o conceito, que será expresso pelo termo; mas parte-se do conceito, já composto por elementos que identificam um objeto. Trata-se de uma práxis, que parte de uma cristalização prévia de uma imagem espelhada e, a partir dela, busca identificar, por via narrativa, o objeto por ela traduzido.

Há uma terceira espécie de definição, que é a estipulativa, em que a própria linguagem forma seu conteúdo, sua suma de idéias necessária para identificar determinada coisa, objeto ou situação, formando seu conceito, que é expresso por um termo. Trata-se de uma imagem caricata do objeto, que passa a servir de conceito jurídico.

É pelos conceitos construídos estipulativamente que o direito consegue produzir os elementos suficientes, de forma ficta ou presumida, por via dos quais se deve reconhecer como existente determinado objeto ou situação, sem que necessariamente existam como coisas reais. Neste plano, o direito tem poder, inclusive, para estabelecer fatos jurídicos por ficções e presunções, afirmando que, em tal ou qual situação, se tem como efetiva a ocorrência de determinado pressuposto, independentemente da verdade material - ontológica.

Uma vez feita esta abordagem, cabe a afirmativa que deve ser mantida viva na mente do leitor: o termo *renda* é signo de uma coisa chamada renda, que foi introduzida pela Constituição no sistema jurídico, segundo o enunciado posto no art. 153. Logo, é uma hipótese - que deve ser materialmente traduzida como um ser. Com tal natureza, sua formulação é feita pela Constituição de forma conotativa. Os critérios científicos que devem ser observados para identificar a coisa renda a partir do conceito constitucional se orientam pelos critérios da verdade material. Trata-se de uma coisa real. Então, forma-se, por conotação, um conceito constitucional, que passa a limitar o conteúdo material do termo quando utilizado pelo legislador infraconstitucional, inclusive o complementar.

Quanto a esta questão, deve-se lembrar o que afirma Norberto Bobbio: "Os limites com que o poder superior regula o poder inferior são de dois tipos diferentes: a) os relativos a conteúdo; b) os relativos a 'forma".[18]

Esta verdade deve ser observada por todo aplicador do direito, sob pena de se admitir o arbítrio. Tem-se insistido demasiadamente, na doutrina nacional trubutária, em buscar estabelecer os limites pelo critério formal, deixando-se o limitador material num plano secundário. A ótica que defendemos é que existem dois planos: a) o dos conteúdos materiais, compostos por elementos reais existente nas regras; b) o dos conteúdos formais.

Estes argumentos fundamentam o princípio da verdade material, que é o núcleo prescritivo - rol de elementos materiais - que mantém preso o legislador, e também o aplicador do direito, aos fatos efetivamente ocorridos. Por isso, na respectiva definição, só se podem admitir, na suma de idéias do que é renda, elementos conformadores materiais, afastando-se, assim, a construção do conceito por elementos meramente teóricos. O professor Aires Barreto afirma que não é correto falar-se de *elementos* da hipótese de incidências, uma vez que se trata de *aspectos* destas hipóteses.[19] Contudo, no plano da metodologia que orienta o presente estudo, há que falar não em aspectos, mas em elementos, uma vez que estes devem estar efetivamente presentes, como organizadores da composição da base calculada, na concretização da hipóteses, nos casos individuais.

Na classificação dos elementos que formam o termo *renda* prescrito pelo art. 153, III, da Constituição devem ser previamente eliminadas - numa primeira fase de definição - todas as caraterísticas que identificam elementos meramente formais.

---
[18] *Teoria do ordenamento jurídico*, p. 53.
[19] Aires Barreto. *Base de Cálculo, Alíquota e Princípios Constitucionais*. p. 32.

A definição estipulativa do conceito notadamente para se estabelecer os elementos conformadores dos critérios da generalidade e universalidade somente pode ser feita após ter-se promovido a enumeração objetiva de conteúdos materiais, por via da narração dos seus elementos. Neste contexto, os critérios (da generalidade e da universalidade) não neutralizam os elementos materiais, reais contidos no conceito constitucional. Por eles a Carta Magna indica em que condições devem ser aplicados, como regras, todos os elementos que constituem a renda.

Assim, como a Constituição introduz no seu seio, como pressuposto do reconhecimento de uma limitação de competência de cobrar imposto de renda, um evento materialmente considerado, é imprescindível que se estabeleçam estes elementos materiais nas condições tais que atendam a estes caracteres, conformadores dos princípios e critérios para que se possa fazer exame científico.

Em outras palavras: para que se possa identificar o que é renda - como um ser no mundo -, não se pode partir de um conceito teórico. Deve-se, antes, examinar a possibilidade de existir renda, como evento ocorrido, o que impõe ao intérprete o obrigatório exame do processo (do histórico) que envolve o surgimento de renda em cada caso concreto. Este histórico, que se traduz num processo de formação, é que mantém preso o conceito ao real. Logo, este processo de formação, ao ser aplicado ao que é renda, compõe o contexto amplo que deve ser considerado pelo intérprete. O processo de formação se inclui no contexto do termo a renda como conceito constitucional e como tal deve ser respeitado e levado em conta pelo aplicador no momento da interpretação. O aplicador deve narrar e não só descrever o fato na forma exata em que ocorre. "Pela narração está sendo contado como ocorreu o acontecimento. É a feitura da exposição do fato (...)".[20]

Conseqüentemente, tendo em vista que há uma ciência que tem como objeto a definição de renda, materialmente existente, cabe estabelecer, primeiro, o que é renda sob ponto de vista material, utilizando-se conceitos já conhecidos e *narrados* por esta ciência como coisa real. Uma vez estabelecida a suma de idéias que carateriza o evento renda no contexto empírico, promover-se-á o exame dialético, confrontando a renda - na espécie denominada riqueza nova - que surge dentro de um processo de produção, com a significação contida no contexto constitucional.

---
[20] De Plácido e Silva. *Vocabulário jurídico*, p. 1050.

Esta questão é de suma relevância, uma vez que pela teoria de interpretação do direito tributário tradicional ela está excluída do exame do jurista enquanto, pela metodologia que adotamos, ela forma uma espécie de coluna mestra que conduz o ato aplicativo das normas que regem o imposto de renda.

2. A linguagem jurídica

O intérprete sempre deve ter presente que a linguagem constitui a porta de entrada no labor da construção da norma. É a linguagem que constitui a realidade. "É na linguagem que há a surgência do mundo".[21]

Só por isso, sem que se reduza um evento qualquer em linguagem, ele não consegue formular o próprio Direito como objeto, por carência de veículo introdutor.

Paulo de Barros Carvalho, lembrando Hans Kelsen, afirma a este propósito: "Ali onde houver direito, haverá normas jurídicas (Kelsen). A que poderíamos acrescentar: onde houver norma jurídica haverá, certamente, uma linguagem em que tais normas se manifestem".[22]

Cabe reenfatizar que, nos limites da metodologia adotada no presente estudo, o ser - a coisa real - está constituída lingüisticamente dentro do próprio direito, e como tal deve ser considerada pelo intérprete. Esta consideração se dará no momento em que o direito se concretizar em face de um determinado evento.

Assim, quando o legislador seleciona, no mundo dos fatos, eventos que, uma vez ocorridos, constituem fatos jurídicos que causam conseqüência jurídica na condição de pressuposto -, obrigatoriamente se utiliza de linguagem. Esta é, pois, veículo deste ser real, cuja existência real, histórica, deve ser constatada, como

---

[21] Lenio Luiz Streck resume bem esta posição, adotada por Hans Georg Gadamer, que a sua vez se fundamenta em Martins Heidegger, afirmando: "o ser é o contorno, a configuração do ente, aquilo que o recolhe, o reúne, que o talha e retalha (que o abriga, diz Martins Heidegger). É o que constitui a realidade do real, o torna, em suma, algo disponível ao pensamento e à palavra ou no pensamento e na palavra. Em linguagem ontológica, o ser é o que lhe faz emergir do nada, levando-o à desvelação. O ser é a fulguração do ente, a reunião que o unifica, a luz que faz com que este apareça, é a produção do ente" (*Hermenêutica Jurídica e(m) Crise: uma exploração hermenêutica da construção do direito*, p. 159).
[22] *Direito Tributário. Fundamentos Jurídicos da Incidência*. p. 17.

fundamento - pressuposto - da construção da norma jurídica. O intérprete se utiliza de palavras que transportam significados, tanto quando pensa, como quando formaliza a norma individual e concreta, materialmente.[23] Mas, para admitir a ocorrência da hipótese, posta na lei, deve-se exigir a presença do evento real, que é o efetivo desencadeador da incidência. Por isto passa a ser função essencial do aplicador dizer se efetivamente ocorreu o evento histórico, que está expresso conceitualmente pelo termo que estabelece a hipótese de incidência.

Nesta análise, contudo, devem-se cumprir etapas para formar o processo do próprio pensamento. Tomando o termo *renda*, primeiro deve-se ter em mente que, materialmente, existe um conceito formado a partir de elementos factuais - ontológicos - que conotam a significação por via da experiência, identificando seus componentes. Tem-se assim um conceito de primeiro grau, que é o signo do que é renda (como coisa), que Eros Roberto Grau denomina de conceito essencialista.[24] Este conceito essencialista é tomado pelo direito para promover a prescrição normativa no plano genérico e por isso passa a se integrar diretamente como coisa real significada, dentro do ordenamento jurídico.

Neste sentido, leciona o professor Lourival Vilanova: "A lei é o conteúdo objetivado do fato jurídico, do fato jurígeno, cuja generalidade e abstrateza contrastam com a individuação e a concreteza da relação jurídica. A lei (geral) é um esquema e, como esquema, sem individuação. Contém variáveis, variáveis (interdeterminadas) de fatos, variáveis de indivíduos (os sujeito-de-direito), e variáveis de conduta (pretensões e prestações, em sentido amplo)".[25] Em outros termos, a partir desta significação, posta conceitualmente, o intérprete terá de buscar, na aplicação individual dos princípios e regras constitucionais, a identificação do conceito no plano da realidade. Este conceito passa a ser o instrumento que comunica, que expressa, a essência do que significa renda - como coisa real - no contexto constitucional para efeito de limitação do poder de tributar. Conse-

---

[23] Inocêncio Mártires Coelho refere, a este propósito: "De outra parte, há de considerar que nenhuma interpretação se realiza no vazio. ao contrário, trata-se de uma atividade *contextualizada*, que se leva a cabo em condições social e historicamente determinadas, produtoras de usos lingüísticos dos quais deve partir qualquer atribuição de significado, seja no âmbito da hermenêutica jurídica em geral, seja no particular domínio da interpretação constitucional" (*Interpretação constitucional*, p. 55).

[24] *Direito posto e pressuposto*, p. 146.

[25] *Causalidade e relações no direito*, p. 92.

qüentemente, a essência é que torna presente, no contexto que se forma, em cada caso de aplicação do direito, a realidade factual subjacente ao termo *renda*.[26] Esta constatação do evento real - que nada mais é do que a hipótese - é que passa a ser a última instância que define a incidência ou não-incidência em cada caso individual.

O contexto formado pelo conceito material do termo *renda* se encontra, pois, numa relação de elementos constituintes de uma situação específica. Consta de uma estrutura relacional - uma imagem essencialista -, a partir da qual se tem condição de perceber - conhecer - o objeto real. Esta estrutura de elementos, e não só de caracteres, permite que se estabeleça a figura que é o veículo - de linguagem - que transporta o conhecimento do ser captado pela mente para o âmbito do contexto de construção da norma para cada aplicação do direito. A hermenêutica que se adota, fundada em Martins Heidegger e Hans Georg Gadamer, produz uma significação bem diferente da adotada pela hermenêutica tradicional brasileira. Ver-se-á no capítulo final que a doutrina nacional afirma que o conceito de renda é, de certa forma, relativo, exatamente porque não inclui no seu contexto o estudo do evento concreto, detalhado pelos critérios de cálculos orientados pelos postulados, princípios e critérios contábeis. A interpretação jurídica, como mencionado na lição desta metodologia, não é uma reconstrução do que está no texto legal, mas uma construção da norma para o caso posto à solução, com a utilização de linguagem como elemento produtivo da norma: o hermeneuta produz - e não reproduz e ou descreve - o sentido do texto jurídico[27] em cada caso concreto.

Explicitando melhor: a linguagem é veículo de manifestação dos fatos que a mente capta em todas as instâncias do conhecimento humano, formando núcleos significantes próprios: constitui, pois, o

---

[26] Lenio Luiz Streck, referindo-se a Oliveira: "a tradição de pensamento sempre pressupôs uma isomorfia entre realidade e linguagem, porque há uma essência comum a um determinado tipo de objetos que possuem essa essência. A palavra designa, precisamente, não a coisa individual, mas o comum a várias coisas individuais, ou seja, sua essência" (*Hermenêutica jurídica e(m) crise: uma exploração hermenêutica da construção do direito*, p. 112).

[27] Esta posição doutrinária se evidencia nas conclusões de Lenio Luiz Streck sobre a crise hermenêutica quando refere: "O intérprete não está fora da história efectual. Na filosofia da consciência se dizia que o sujeito cognoscente poderia, de forma racional, determinar o objeto; com Hans-Georg Gadamer, essa relação sujeito-objeto é rompida/ultrapassada, pois o sujeito não é uma mônada, e sim, o sujeito é ele e sua possibilidade de ser-no-mundo, é ele e suas circunstâncias, enfim, é ele e sua cadeia significante" (*Hermenêutica jurídica e(m) crise: uma exploração hermenêutica da construção do direito*, p. 248).

meio - veículo - de manifestação de conhecimentos específicos de todas as ciências, estudados no plano da filosofia, no âmbito da teoria do conhecimento, e que são comunicados de sujeito para sujeito.[28]

O intérprete deve, pois também, buscar diretrizes que articulam a interpretação - que se faz pelo ato de conhecimento - nos fundamentos neste plano. Com isto quer-se dizer mais especificamente que o ato de conhecimento do direito, que se inicia pela teoria geral do direito, de certa forma utiliza as mesmas regras identificadas no âmbito da teoria do conhecimento quando estuda o ser.

Não existem duas teorias diferentes: há uma teoria geral única de interpretação do mundo - do ser -, que desemboca numa teoria especial. Esta teoria especial - a do direito - parte de uma base geral comum, mas tem elementos novos que a especializam só porque seu enfoque é diverso, que originariamente se forma num macrocontexto, que se denomina ordenamento jurídico. Esta estruturação do ordenamento tem sua lógica fundada num núcleo de casualidade deôntico formado pela hipótese (*sein* - ser-coisa) e a conseqüência (*sollen* - dever-ser). Estes dois elementos de um só núcleo constituem uma fórmula lógica, mas devem ser estudados de forma diferente: o ser, que é a hipótese factual, como coisa real, e o dever-ser, como fórmula lógica que representa abstratamente a casualidade jurídica. Com isto quer-se afirmar que a formulação lógica (se A deve ser B) implica um antecedente ser (*sein*) e um conseqüente normativo dever-ser (*sollen*), que está presente em toda relação jurídica. Contudo, em princípio, o ser- coisa - no contexto jurídico - não se diferencia, na ciência do direito, dos seres, coisas, objetos das demais ciências. As diferenças existem somente quando o direito, por sua própria força, manipula o significado, retirando ou acrescentando ao ser caracteres, por via estipulativa, criando ficções.

Em outros termos, o que não pode ser feito é mesclar conteúdos de termos gerados em diferentes contextos. Ciência reclama o

---

[28] Adverte o professor Paulo de Barros Carvalho que: "Dentre os muitos traços que lhe são peculiares, vimos salientando que o direito oferece o dado da linguagem como o seu integrante constitutivo. A linguagem não só fala do objeto (Ciência do Direito), como participa da sua constituição (Direito Positivo), o que permite a ilação forte segundo a qual não podemos cogitar de manifestação do Direito sem uma linguagem idiomática ou não, que lhe sirva de veículo de expressão. Mantenho presente a concepção pela qual interpretar é atribuir valores aos símbolos, isto é, adjudicar-lhes significações e, por meio dessas, referências a objetos" (*Direito tributário, fundamentos jurídicos da incidência*, p. 56).

uso de termos com significados unívocos, lapidados por definições claras e precisas, até para não se produzir somente um aglomerado de idéias.

A estrutura científica de conhecimento, sem uma linguagem rigidamente contextualizada, simplesmente não ocorre. Certamente haverá conteúdos diferentes se um objeto é visto, v. g., sob o ponto de vista econômico, em vez de ser examinado sob a ótica jurídica. Mas não se pode olvidar que também há diferença entre conceitos decorrentes do uso de um único termo dentro do próprio sistema jurídico. Para tal efeito, basta que se lembre o termo *lucro*, que pode ter no mínimo duas acepções - o da empresa como ente privado e o lucro tributável. As significações diferentes decorrem dos contextos em que cada um é formulado. Mais importante ainda é o fato de que ao jurista é vedado afastar-se do campo restrito das prescrições legais que delimitam o conteúdo semântico dos termos jurídicos, para adotar significados que manifestam a compreensão de termos forjados em contextos de estudo de objetos diferentes. Valem a este propósito as lições de Konrad Hesse, retrotranscritas, lembrando que é imperativo que se mantenha um equilíbrio entre os conteúdos formais e factuais para que não se contamine o conteúdo científico do direito.

Quer-se ponderar, finalmente, que propositadamente nos alongamos neste subtítulo, visando a deixar marcado que a ótica que adotamos para examinar o objeto deste estudo não se orienta pelo método do manter o evento fora do direito. Nossa posição é a de que a linguagem jurídica é igual a qualquer linguagem. Para promover a construção do sistema jurídico, o direito manipula o conteúdo de significação das palavras, e a partir destes conteúdos é que se constrói o ordenamento como um todo. Contudo, esta manipulação de conteúdos deve ser observada com critérios críticos desde a sua origem, sob pena de se estruturar o conhecimento em bases falsas. A realidade deve ser nomeada pela linguagem como coisa, e nesta conceituação (de linguagem) ela é pensada e falada. A renda tributável é coisa, é ser real, e, como tal, foi introduzida no sistema constitucional, de um lado como delimitação do pressuposto do direito de o Estado cobrar imposto de renda, de outro, como núcleo de controle do poder de tributar. Este núcleo de controle do poder de tributar sofrerá ruptura tanto no caso de o intérprete dar primazia ao conteúdo econômico do termo *renda*, como quando adotar um conceito com conteúdo formal.

3. O fundamento do direito posto

3.1. O ordenamento como estrutura das normas

Traçar as regras de como devem ser resolvidos os conflitos no interior de uma comunidade política sintetiza a abrangência do conteúdo das Cartas Políticas. Cabe-lhes, entre outras incumbências, estabelecer os pressupostos da criação, vigência e execução das normas de todo o ordenamento jurídico, fixando a estrutura e dimensões do Estado. Converte-se, pois, a Constituição em fundamento da unidade nacional, instalando o Estado de Direito, na definição consagrada, em traços largos, por Konrad Hesse: "A Constituição é um plano estrutural básico orientado a determinados princípios de sentido para conformação jurídica de uma comunidade".[29]

A Carta Política, antes de tudo, constitui axioma, ponto primeiro e último de investigação dos limites do direito, não se admitindo que se mesclem com a ordem jurídica fatos anteriores a este ponto. A Constituição, além de ser o primeiro elo da cadeia de normas que abrangem todo o sistema jurídico, estrutura o Direito Positivo como um todo unitário, estabelecendo as competências para legislar, executar e julgar.[30]

---

[29] Konrad Hesse, *Escritos de derecho constitucional*, p. 21.

[30] A este propósito leciona José Joaquim Gomes Canotilho: "Uma das conseqüências mais relevantes da natureza das normas constitucionais concebidas como *heterodeterminações positivas e negativas* das normas hierarquicamente inferiores é a conversão *do direito ordinário em direito constitucional concretizado*. Como *determinantes negativas*, as normas de direito constitucional desempenham uma função de limite relativamente às normas de hierarquia inferior; como *determinantes positivas*, as normas constitucionais regulam parcialmente o próprio conteúdo das normas inferiores, de forma a poder obter-se não apenas uma compatibilidade formal entre o direito supra-ordenado (normas constitucionais) e infra-ordenado (normas ordinárias, legais, regulamentares), mas também uma verdadeira conformidade material" (*Direito constitucional*, p. 139).

Demarcadas ficam, pois, as linhas do limite do que é jurídico; estão postas na Carta Política por um corte metodológico que tem caráter lógico-formal, e que expressam um querer específico, qual seja, a formulação de um todo ordenado hierarquicamente.[31] Vale dizer as normas somente serão admitidas como tais se satisfizerem duas condições:

a) forem instituídas atendendo a um processo formal e material (órgão competente e seguimento formal de um procedimento prévio, etc.);

b) não violarem normas de hierarquia superior.

Além disto, como se verá no curso deste trabalho, grande parte do espaço contido nesta demarcação de limites impostos ao legislador já vem preenchido, às vezes de forma muito abstrata, em outras concretamente, pelos princípios, explícitos e implícitos, contidos na Constituição.

Os princípios constituem normas que instituem uma espécie de teia de valores jurídicos - estipulados como finalidades - que não podem ser contrariados pelo legislador nem pelo aplicador do direito.

A este propósito, afirma Robert Alexy: "Los principios, al igual que las reglas, son razones para juicios concretos de deber ser, aun cuando sean razones de un tipo muy diferente. La distinción entre reglas y principios es pues una distinción entre dos tipos de normas."

Os princípios, isoladamente, introduzem finalidades que devem ser observadas no sistema, tais como igualdade, estrita legalidade, certeza e segurança jurídica, etc.

Em síntese apertada, pode-se afirmar que ao legislador não é concedido um poder em branco, uma vez que este não pode contrariar os objetivos que devem ser perseguidos pelo Estado.

Se cada um destes valores fosse aplicado isoladamente (sem considerar os outros valores, que em certos casos se contrariam e até às vezes se contrapõem), tender-se-ia para a aplicação absoluta de um princípio em detrimento dos demais, o que implicaria neutralização de parte dos fins protegidos. Esta anulação de finalidades contrapostas, contidas nos princípios, é superada, dentro do

---

[31] Neste mesmo sentido leciona Norberto Bobbio: "Portanto, não só a exigência de unidade do ordenamento mas também a exigência de fundamentar a validade do ordenamento nos induzem a postular a norma fundamental, a qual é, simultaneamente o fundamento de validade e o princípio unificador das normas de um ordenamento jurídico" (*Teoria do ordenamento jurídico*, p. 62).

sistema, pela ponderação. A unidade do sistema forma um todo unitário, em que todos os valores vinculados a um determinado contexto normatizado se entrecruzam no momento em que o intérprete faz a ponderação dos princípios e estabelece os conteúdos dos fins neles contidos, com vista a aplicá-los simultânea e conjugadamente na construção da norma aplicável ao caso concreto. Antes deste momento, os preceitos legais são meros fragmentos de linguagem, condutores de significações genéricas.

Esta ponderação dos valores cumpre papel fundamental na interpretação sistemática, que, segundo Humberto Bergmann Ávila, é forma de adequação hierarquizada do ordenamento em unidade não-contraditória - postulado da coerência - de todas as normas que compõem Direito Positivo.[32] Pode-se afirmar que, entre os instrumentos essenciais que compõem a interpretação sistemática, se localiza a articulação - entre si - dos fins que estruturam o sentido teleológico, a ser concretizada na aplicação do direito.

Esta ordenação de fins - postos na constituição de forma mais ou menos abstrata - não atende a uma ordem fixa de aplicação, mas implica um dever de otimização por via do estabelecimento de uma ponderação, que varia de graus, tendo em vista o contexto que circunda cada caso concreto.

Os fins que devem ser atendidos, por via da ponderação, têm de ser considerados em todas estas atividades, que implicam introdução de normas no sistema. Implica dizer que já estão contidos na Carta inclusive os fatores e elementos que orientam soberana e teleologicamente tanto o legislador como o intérprete da norma jurídica. Logo, já se têm os primeiros argumentos para afirmar que a articulação semântica de conteúdos finalísticos está de forma concreta, por via dos princípios, situados na ápice do ordenamento, o que lhes concede uma hierarquia sobre as demais regras que compõem o sistema.

Este tema terá de ser retomado, ainda neste capítulo, quando se tratar da estruturação de imperativos técnicos necessários e adequados ao estudo científico do direito por via da definição dos mecanis-

---

[32] Humberto Bergmann Ávila escreve: "Possuindo menor grau de determinação do comando e maior generalidade relativamente aos destinatários, os princípios correlacionam-se com um maior número de normas (princípios e regras), na medida em que essas se deixam reconduzir ao conteúdo normativo dos princípios. Isso explica a hierarquia sintática e semântica que se estabelece entre princípios e demais normas do ordenamento e, consequentemente, a importância dos princípios na interpretação e aplicação do Direito" (*A distinção entre princípios e regras constitucionais e a redefinição do dever de proporcionalidade*, Revista de Direito Administrativo nº 215, p. 168.).

mos formadores e condutores do raciocínio na construção de juízos, tais como axiomas (lógicos), postulados, princípios e critérios.[33]

Por ora, quer-se deixar fixado que, com a promulgação de uma Carta Política, surge o sistema jurídico no mundo cultural, auto-suficiente, que, por linguagem própria e específica, fixa as regras de como ele se forma e se altera. Desta outorga originária constitucional, brota, em última instância, a legitimidade para estabelecer a forma de criar normas jurídicas; que é promovida por via de atribuição de autoridade, ou poder, que fundamenta todas as normas de hierarquia inferior. E estas, a sua vez, regulam a instituição de outras normas que irão compor a linha de condução da sua validade, irradiando-a a todo o ordenamento.

A partir, e nos limites das normas constitucionais, estrutura-se toda a produção normativa dos poderes instituídos: leis complementares, leis, decretos e ordenamento administrativo, incluindo a competência para formular também as normas individuais e concretas ditadas pelos órgãos jurisdicionais competentes (sentenças, acórdãos, decisões administrativas, etc.).

Constata-se, assim, que a Constituição:

a) ao mesmo tempo é o ponto de partida de todo um sistema jurídico é também o limite último do Estado;

b) estrutura o ordenamento jurídico como um todo, formado por um conjunto escalonado - hierárquico - de normas, que no momento da introdução, admitirá no contexto jurídico geral a norma nova, se esta preencher as condições de validade - formais e materiais - ou a rejeitará como inválida)

c) instala a hierarquia prescritiva máxima, impondo um querer (dever-ser originário) que orienta, por princípios e critérios, o caráter prescricional do sistema como um todo;

d) ao admitir como válido qualquer preceito, este passará a estar limitado, no seu conteúdo, pelas regras semânticas postas por via dos princípios gerais e especiais.

Emergem, assim, os postulados da unidade, hierarquização, coerência e supremacia da Constituição. Além destes, o intérprete, para solucionar contrariedades normativas, ainda conta com os três

---

[33] Juarez Freitas leciona: "Em tal linha, sempre em atenção à imprescindível e irrenunciável meta de um conceito harmônico com a racionalidade intersubjetiva, entende-se mais apropriado que se conceitue o sistema jurídico como *uma rede axiológica e hierarquizada de princípios gerais e tópicos, de normas e de valores jurídicos cuja função é a de, evitando ou separando antinomias, dar cumprimento aos princípios e objetivos fundamentais do Estado Democrático de Direito, assim como se encontram consubstanciados, expressa ou implicitamente, na Constituição.*" (A Interpretação Sistemática do Direito, p. 46).

critérios de solução das antinomias, formados no âmbito da teoria geral do direito:

a) o da hierarquia (norma de hierarquia superior não é revogada por uma de hierarquia inferior);

b) cronológico (a norma posterior, de mesma hierarquia, de conteúdo contrário revoga a anterior);

c) o da especialidade (norma especial).

Assim já se acrescentam traços genéricos, que formam os contornos da atuação do ordenamento jurídico, que, na lição de Norberto Bobbio, é constituído de um todo unitário, que delimita a validade do sistema, que se refletirá na moldura do conteúdo das normas isoladamente.[34]

Tendo em vista que a competência para introduzir norma válida no sistema emerge de um ordenamento hierarquicamente escalonado, há que rejeitar, desde logo, a interpretação feita a partir das normas jurídicas isoladamente. Cabe afirmar peremptoriamente: não se pode partir dos textos legais, isolados do conjunto, para formar um contexto de interpretação. O ato de interpretação jurídica é sistemático: implica deduzir as normas do ordenamento que constitui um todo unitário.

Cabe ressaltar que estes argumentos, por sí sós, já tornam inaplicável o art. 108 do CTN, que estabelece uma hierarquia da legislação tributária, pondo no ápice da cadeia de aplicação, pela ordem, a analogia, os princípios de direito tributário e os princípios de direito público e, finalmente, a eqüidade.

Sem dúvida, a eqüidade é critério de aplicação do princípio constitucional da isonomia, e, como tal, já não pode situar-se como último critério da aplicação.

Contudo, como não se trata do tema específico do presente estudo, far-se-á um corte metodológico para, em síntese, afirmar que o dispositivo em causa constitui um marco histórico do positivismo jurídico e se situa em contraposição frontal à interpretação sistemática. Constitui critério de interpretação histórico que não se coaduna com a moderna interpretação jurídica que tem nos princípios, tanto nos gerais do direito, como nos especiais de direito tributário, prescrições fundamentais que constituem os marcos estruturais soberanos de toda decisão individual e concreta.

---

[34] A propósito, Norberto Bobbio leciona: "(...) de fato, se admitir o princípio de compatibilidade, para se considerar o enquadramento de uma norma no sistema não bastará mostrar a sua derivação de uma das fontes autorizadas, mas será necessário também mostrar que ela não é incompatível com outras normas" (*Teoria do Ordenamento Jurídico*, p. 81).

Coerentemente com o que se formulou neste subtítulo, quer-se reafirmar que o ponto de partida de qualquer interpretação não podem ser os preceitos jurídicos isolados. Ao contrário, o ponto inaugural de toda interpretação está no ordenamento jurídico como um todo, do qual se deduzem as normas. Por isso, não se pode afirmar que o Direito é formado por um conjunto de normas jurídicas. O juízo deve ser formulado ao contrário: o direito constitui um ordenamento do qual se deduzem as normas jurídicas que regulam desde a sua própria criação, até os atos de aplicação de direito nas decisões individuais e concretas.

Pode-se, assim, concluir com as palavras de Norberto Bobbio: "não existem ordenamentos jurídicos porque há normas jurídicas, mas existem normas jurídicas porque há ordenamentos jurídicos distintos dos ordenamentos não jurídicos".[35]

3.2. A norma fundamental e o ordenamento jurídico

Para que se possa entender a articulação escalonada das normas e enfrentar a questão relativa à cadeia de validade normativa, em que uma norma prescreve como as de hierarquia inferior devem ser produzidas, há que aprofundar o estudo da atribuição da competência, o que enfeixa o poder ou autoridade para produzir normas.

Para cumprir esta proposta, deve-se identificar a norma primeira, a fonte normativa originária, da qual brota todo o poder de produzir normas no sistema jurídico.

A questão pode ser melhor visualizada se traçarmos, de forma inversa, a linha pela qual flui o poder outorgado pela competência, escalando a hierarquia desde a sua base até seu ápice, onde se localiza a norma fundante. Para tal efeito, tomaremos como exemplo qualquer norma de decisão, consubstanciada numa sentença.

Verificamos que ela tem validade porque, primeiro, há uma legislação que atribuiu ao juiz - prolator da sentença - competência para decidir. Por outro lado, para que o juiz possa decidir, deve haver previamente a formação de um processo, que atenda às normas próprias, cumprindo o princípio do devido processo. Esta norma processual, que atribui competência ao juiz, como a que o reconheceu como juiz para julgar a causa, foi formulada pelo Poder legislativo, atendendo aos fins constitucionais, em face da atribuição de competência posta na Constituição. A Constituição, a sua

---
[35] Op. cit., p. 30.

vez, é valida porque foi elaborada e aprovada por um Poder Constituinte.

Neste ponto, chegou-se ao ápice da cadeia de hierarquia, ponto de convergência de toda a pesquisa de atribuição de competência. Abre-se um parêntese para dizer que, como se denota neste exemplo, o direito se intersecciona, como um todo, para construir uma norma para um caso concreto. Entram em cena, além das proposições formalmente postas, as teorias jurídicas, tais como: teoria geral do direito, teoria da Constituição, teoria da norma, teoria das normas processuais, etc., que constituem estruturas de conhecimento do objeto jurídico, além de todo um conhecimento de interpretação, no qual a identificação dos postulados aplicativos do direito e a correta formação de contextos de interpretação são extremamente relevantes.

No contexto da validade das normas, poder-se-iam discutir os fatores sociais que permitem reconhecer esta atribuição de poder aos componentes da constituinte, como v. g., se há representatividade de todas as camadas sociais; se a constituinte é legítima; se há um direito anterior, natural do ser humano, que seja hierarquicamente superior às normas constitucionais; se o poder constituinte, em última instância, procede de Deus, etc.

Sem se interromper esta pesquisa - por um corte -, ter-se-á sempre outro fator do qual dependerá a validade da atribuição do poder ao constituinte, tendendo-se então ao infinito.

Para fincar um ponto de partida, que fundamente uma estrutura de estudo conceitual e científico, a ciência do direito promoveu um corte metodológico e estabeleceu uma axioma, reconhecendo como válidas, e de maior hierarquia de um sistema jurídico, as normas aprovadas pelo poder constituinte, originário ou derivado.

Este axioma é instituído como ponto de apoio, como corte metodológico, a fim de ser viável a estruturação do estudo de determinado objeto.

Fixa-se, então, para demarcar o início do estudo do direito, uma hipótese, um dogma, que é tido como válido sem que se exija uma prova de veracidade material. Neste sentido, basta que tenha condições de servir de fundamento lógico de estruturação teórica de conhecimento do objeto do Direito. Este ponto de apoio, este limite último, tem caráter eminentemente lógico e é denominado de axioma, ou de norma fundamental.

Paulo de Barros Carvalho assim leciona:

"A descoberta da norma fundamental, por Hans Kelsen, é o postulado capaz de dar sustentação à Ciência do Direito, demarcando-lhe o campo especulativo e atribuindo unidade ao objeto de investigação. A norma hipotética fundamental, entretanto, não se prova nem se explica. É uma proposição axiomática, que se toma sem discussão de sua origem genética, para que seja possível edificar o conhecimento científico de determinado direito positivo. Ela dá legitimidade à Constituição, não cabendo cogitações de fatos que a antecedem. Com ela se inicia o processo derivativo e nela se esgota o procedimento de fundamentação".[36]

Este fato impõe que o intérprete, na lição de Luiz Cezar Souza de Queiróz, tenha como indiscutível que a Constituição é a norma origem de todo o ordenamento, e com isto já se afirma, com mais elementos, o postulado da superioridade hierárquica das normas constitucionais.[37]

Neste subtítulo mostra-se, pois, um fundamento importante, ao qual se terá de retomar a todo momento, notadamente quando se tratar da identificação do conteúdo do termo *renda*.

Como a Constituição inaugura o sistema jurídico, partindo de um ponto, anterior ao qual não existe linguagem jurídica, o termo *renda* terá de ser conceituado a partir da própria Constituição. Por isso, o termo em causa somente terá elementos que devem ser identificados no âmbito de significação social, e tecnicamente moldarão uma base semântica originária que será remoldurada pelos princípios e regras constitucionais.

O intérprete terá de iniciar seu trabalho submetendo à crítica severa todos os conceitos jurídicos consagrados pela doutrina, e

---

[36] *Direito tributário. Fundamentos jurídicos da incidência*, p. 46.
[37] Leciona o professor Luiz Cezar Souza de Queiróz: "Essas normas constitucionais reunidas formam uma unidade, que se pode dominar norma-origem do Direito Positivo. Esse ponto comum aproxima, de certa forma, as teorias de KELSEN, HART E ROSS: a norma fundamental de KELSEN, a regra última de reconhecimento de HART, e a norma pressuposta de ROSS fundamentam a validade de normas de máxima hierarquia do Direito Positivo.
Analisando-se o sistema jurídico brasileiro (e boa parte dos sistemas jurídicos ocidentais), assume-se o seguinte axioma:
- o conjunto de normas constitucionais (veiculadas pela Constituição) representa a norma de máxima hierarquia no Direito Positivo, norma-origem do Direito Positivo; esta fundamenta a validade de todas as demais normas, fazendo com que pertençam a um dado sistema jurídico; a norma-origem do Direito Positivo fornece os critérios que conferem a pertinência das outras normas ao sistema jurídico, ou seja, a sua validade.
Essa premissa fundamental é comungada pela doutrina e jurisprudência brasileiras e, por que não dizer, por todo o grupamento social brasileiro: as normas veiculadas pela Constituição são as normas de máxima hierarquia no Direito brasileiro" (*Sujeição passiva tributária*, p. 3).

reanalisá-los com vista a identificar se eles se harmonizam com as prescrições constitucionais, ou se já lhes foram adicionados conteúdos normativos, por prescrições infraconstitucionais que extrapolam esses limites.

No presente estudo, este é ponto é fundamental, uma vez que há o conceito de lucro, que foi adotado pela legislação do Imposto sobre a Renda, como ponto de partida do cálculo de renda, que decorre da aplicação da Lei nº 6.404/76, a lei comercial, que será objeto do estudo nos capítulos finais.[38]

Por não haver possibilidade de adotar, sem prévia e vigorosa crítica, os conceitos legais já existentes no momento da promulgação da Carta, o hermeneuta terá de estabelecer, primeiro, um núcleo mínimo de sentido das palavras utilizadas pela Carta Política. Identificado este núcleo mínimo de sentido, de conteúdo material, dever-se-á evoluir, agregando (a este cerne de significação mínima) outros elementos contidos no texto constitucional, e que passam a formar a imagem do objeto traçado, pela indicação de elementos, que devem ser transpostos para a figura espelhada pelo conceito constitucional de renda.

3.3. Postulados e critérios

3.3.1. Postulados

Para que se tenha uma boa compreensão da articulação de conteúdos teóricos, cabe estudar, sinteticamente, a função dos postulados no âmbito do conhecimento e também indicar notadamente onde eles se diferenciam dos princípios e dos critérios. Trata-se da identificação de formas lógicas e materiais de pensamento, que orientam na aplicação dos princípios e das regras que estruturam e conduzem os mecanismos mentais do intérprete no momento em que forma conceitos.

Os postulados constituem instrumentos aplicativos do direito - como da ciência em geral -, cujo manejo apropriado é decisivo para

---

[38] O art. 177 da Lei nº 6.404/76 prescreve: "A estruturação da companhia será mantida em registros permanentes, com obediência aos preceitos da legislação comercial e desta Lei e aos princípios de contabilidade geralmente aceitos, devendo observar métodos ou critérios contábeis uniformes no tempo e registrar as mutações patrimoniais segundo o regime de competência."

que se possa fazer interpretação consistente. Ao lado destes, a própria Constituição prescreve a observância de princípios e critérios.

Como já se referiu no subtítulo antecedente, não é necessário e possível provar os axiomas. São aplicáveis por meio da lógica e deduzidos sem caracteres materiais. Sua veracidade decorre de sua mera enumeração.

Com o postulado já ocorre coisa diversa. Ele é criteriosamente formulado como um instrumento que, rigorosamente observado, possibilita o conhecimento de determinado objeto sob condições específicas. Trata-se de um mecanismo abstrato a orientar o pensamento do hermeneuta.

Há objetos que somente podem ser apreendidos, em determinada condição de manifestação, se adotarmos determinada forma de raciocínio - determinado enfoque - para sobre ele, ou a partir dele, desenvolver um mecanismo mental para estruturar o pensamento e conseguir formular um processo de conhecimento de determinado objeto. Esta forma de raciocínio, no contexto do direito, denomina-se postulados normativos, e sua função é contribuir no conhecimento jurídico. Eles simplesmente permitem, a partir de um ponto de vista - às vezes formal, outras vezes material - a obtenção do conhecimento de determinada situação normativamente prescrita. Conseqüentemente, postulados são revelados e devem ser previamente demonstrados pela hermenêutica jurídica, como instrumentos sobre os quais se apóia a própria interpretação. E como tais passam a constituir verdadeiras regras implícitas orientadoras da formação do núcleo semântico que será expressado pela norma.

Postulado é um fundamento - um pressuposto - de possibilidade de conhecimento. Postulado jurídico nada mais é do que uma condição de aplicação do direito: indica a forma de aplicação de outras normas. Ver-se-á mais adiante que um mesmo postulado pode servir de mecanismo de formação do conhecimento de mais de um objeto científico.

A este propósito, refere-se que v. g. a Ciência Contábil estrutura a quantificação patrimonial - que constitui o processo de formação de renda - nos postulados da identidade e da continuidade. Estes mesmos postulados orientam a formação e identificação do processo de formação de renda subjacente ao respectivo conceito constitucional. Pode-se, então, afirmar que os apostulados são modos de orientação interpretativa; são guias de formação de discursos científicos, e, como tais, são fatores de conhecimento.[39]

Como exemplos de postulados, pode-se referir o da hierarquia, da unidade da constituição, o do valor constante da moeda para se conhecer a base calculada material e concreta de renda, etc.

Já os critérios deverão ser deduzidos do sistema no qual estão contidos, de forma explícita ou implícita. Quanto aos explícitos, mencionam-se, entre outros, os prescritos pelo art. 153, § 2º, I, da Constituição (universalidade, generalidade e proporcionalidade).

3.3.2. Critérios

Os critérios constituem formas mediante as quais se identificam e escolhem os elementos para preencher determinadas condições com vista a tipificar uma situação predeterminada. O critério, como gênero universal, é forma que orienta o pensamento para determinado ponto específico. No direito, está subjacente a uma indicação específica. São os critérios normativos que determinam o sentido sintático de normas aplicáveis a um caso concreto em que há mais de uma decisão possível. Em outros termos, o critério jurídico indica, entre as variáveis, a que deve ser adotada. Tem grande importância na concretização das finalidades prescritas por via de princípios. Pode-se, pois, afirmar que critério serve para tomar uma decisão específica sobre a identificação de uma em diversas variáveis aplicáveis.

Cabe, desde logo, alertar que há critérios que, por serem diretivos, orientam a determinadas finalidades, e por vezes são aplicáveis simultaneamente em dois conceitos científicos. Ver-se-á adiante que, v. g., os critérios da universalidade e o da generalidade, aplicados em face de prescrições constitucionais específicas, são também aplicados na contabilidade e servem ao estudo científico em geral. Como tais, quando evocados, sempre têm o mesmo sentido genérico.

No caso de critério jurídico, este identifica, entre múltiplas situações, uma das variáveis, que passa a ser regra obrigatória. Na bela síntese de Humberto Bergmann Ávila: "O critério responde à

---

[39] Humberto Bergmann Ávila leciona que: "Postulado, no sentido kantiano, significa uma condição de possibilidade do conhecimento de determinado objeto, de tal sorte que ele não pode ser apreendido sem que essa condição seja preenchida no próprio processo de conhecimento. (...) Os postulados normativos são entendidos como condições de possibilidades do conhecimento do fenômeno jurídico" (Trabalho citado, p. 165).

seguinte pergunta: como/mediante que/por que deve entre dois ou mais elementos envolvidos ser escolhido um deles ou mediante/ o que se podem distinguir dois elementos?".[40] Assim tem-se um critério, seja ele jurídico ou não no momento em que há indicação de um caminho específico. Ver-se-á adiante que os critérios servem para concretizar os princípios e regras e constituem, como tais, verdadeiras regras de sintaxe no momento da interpretação.

3.4. Os princípios e as regras (sua diferenciação)

Nos subtítulos anteriores, já se apresentou o princípio jurídico como espécie de norma indicativa das finalidades que o aplicador deve ter como meta quando aplica o direito. Outra subespécie é a regra.

As normas - pela compreensão lata do termo - dividem-se em princípios e regras, e a observação dos critérios que as distinguem, no momento da sua aplicação, é de suma importância para o intérprete. Ilustra bem a diferença entre princípios e regras a afirmativa de Dworkin.

"O Direito existente é composto não apenas por 'regras' (no sentido de Hart), mas também por 'princípios'. Aos 'princípios' falta a determinabilidade dos casos de aplicação e apresentam uma dimensão que as 'regras' não têm: uma dimensão de peso ou importância, que se revela a propósito do seu modo específico de colisão; os 'princípios' não são hierarquizáveis em abstrato conseguindo cada um a prevalência face ao outro à luz das razões determinantes do caso concreto ou de determinado círculo problemático".[41]

Assim, a diferença não está no fato de que as regras devem ser aplicadas "no todo", e os princípios, só na "medida máxima". Ambas as espécies de normas devem ser aplicadas de modo que o seu conteúdo de *dever-ser* seja realizado dentro da unidade sintática do conteúdo total, formado pelo ordenamento jurídico com um todo. Tanto as regras quanto os princípios possuem conteúdo prescritivo que deve ser concretizado no momento da aplicação do direito.

A única distinção é quanto à determinação da prescrição da conduta que resulta da sua interpretação; a interpretação dos

---
[40] Trabalho citado, p. 165.
[41] *Apud* Lamego, p. 255.

princípios não determina diretamente (*prima facie*) a conduta a ser seguida, apenas estabelece os fins normativamente relevantes cuja concretização depende de um ato institucional de aplicação: por isso se afirma que ela se insere mediatamente no sistema e comparece como regra no momento da aplicação ao caso concreto.

A interpretação das regras depende de modo menos intenso de um ato institucional de aplicação. Destarte se torna imperioso estudar a forma em que atuam os princípios entre si quando incidem isoladamente e em conjunto sobre um mesmo fato posto à interpretação, para, posteriormente, estudar a forma como eles se articulam com as regras para formar, de maneira conjugada, um significado específico.

Os princípios constitucionais incidem geograficamente em ambientes diversos, estabelecendo metas essenciais à conveniência social, formando planos de concretização, às vezes de forma simultânea, e outras, de forma isolada. Por isto se situam no ápice da estrutura hierárquica do sistema.

O princípio constitucional estabelece um dever de otimização de determinado fim, cujo alcance é tido como relevante pelo legislador constituinte, e - porque se trata de uma regra mediatamente posta - dele não se podem afastar o legislador nem o aplicador do direito. Seu núcleo prescritivo é abstrato, e sua intensidade de concretização depende da questão isolada em que deve ser aplicado. Há princípios que determinam ao legislador limites específicos, às vezes amplos e outras vezes menos abertos, dentro dos quais as normas infraconstitucionais são consideradas válidas.

Por isso é imperioso indicar alguns tipos de princípios, para que se possa estabelecer como ocorre a sua articulação, tanto no âmbito as normas constitucionais, como na legislação inferior.

Exemplificativamente, o princípio republicano, adotado no pórtico da Constituição Brasileira, artigo primeiro, desde logo já indica, de forma genérica, que se trata de um Estado no qual todo o poder emana do povo, que elege seus representantes. Igualmente, a adoção do princípio democrático prescreve um amplo espaço que o legislador tem para legislar, mas desde logo repele a indicação de um chefe de Estado por via de definição de um grupo que não seja eleito pelo voto secreto. Igualmente é inerente à estruturação formal do Estado Federal o princípio federativo que reclama a presença de Estado Federal, composto de Estados-Membros com poderes político-administrativos mínimos necessários ao reconhecimento de sua condição de Estado-Membro.

Estes princípios atuam e mantêm a molduração de uma arquitetura ampla dentro da qual ocorre o exercício dos poderes entre órgãos do Estado, universalmente estabelecidos, mas que podem ser remoldurados, especificamente, pelo próprio poder constituinte.

Há outros princípios mais gerais e que não promovem estruturação do estado, como, por exemplo, a isonomia, que atua fundo no aspecto material quanto no formal e que deve ser observada pelo legislador no momento que legisla, e de um modo em geral pelo aplicador do direito.

Há também os princípios especiais, que devem ser observados em casos específicos, como seria o princípio do sufrágio universal, na função e concretização do Estado republicano-democrático. Há princípios constitucionais mais específicos, como o juízo universal, o princípio do devido processo legal, que densificam os elementos conotativos das estruturas instituídas pelos princípios republicano e democrático.

Os princípios que moldam a estrutura do Estado - como o republicano, o democrático e o federalista - são denominados, por José Joaquim Gomes Canotilho, como estruturantes.[42]

Exemplificando: a proteção da liberdade - princípio geral - vem conformado tanto no princípio democrático como no republicano e constitui vetor fundamental ao reconhecimento do Estado de Direito.

Os princípios que estabelecem os direitos e garantias individuais se aglutinam em torno do feixe de normas que protegem a pessoa e constituem o *status* do direito inerente à personalidade, e nesta condição irradiam seus efeitos em cada norma que tiver como referência a pessoa.

---

[42] José Joaquim Gomes Canotilho adotou esta posição e assevera:
"C) O SISTEMA INTERNO DE REGRA E PRINCÍPIOS A articulação de princípios e regras, de diferentes tipos e características, iluminará a compreensão da constituição como um sistema interno assente em princípios estruturantes fundamentais que, por sua vez, assentam em subprincípios e regras constitucionais concretizadores desses mesmos princípios. Quer dizer: a constituição é formada por regras e princípios de diferente grau de concretização (= diferente densidade semântica).
Existem, em primeiro lugar, certos princípios designados por princípios estruturantes, constitutivos e indicativos das idéias directivas básicas de toda a ordem constitucional. São, por assim dizer, as traves-mestras jurídico-constitucionais do estatuto jurídico do político. Na ordem constitucional portuguesa considerar-se-ão (a título indicativo, sem pretensões de exaustividade) como princípios estruturantes:
- O princípio do Estado de Direito (arts. 2º e 9º);
- O princípio democrático (arts. 1º 2º, 3º/1 e 10º);
- O princípio republicano (arts. 1º, 2º, 11º e 288º/b - *Direito Constitucional*, p. 180).

Como se pode constatar pelos exemplos citados, a indicação de um princípio estruturante, como inerente a determinado estado, exige tal ou qual critério específico, que deve ser identificado pelo intérprete. Exige determinada forma que se apresenta dentro de determinado sentido abstrato, mas que no seu cerne conduz exigências de fins específicos. Já se constata então que o intérprete, para aplicar o princípio, deve orientar o conteúdo do seu entendimento em determinado sentido. A eliminação das eleições, v. g. está vedada preceptivamente pelos princípios constitucionais republicano e democrático. Mas a forma de eleição direta ou indireta, desde que o povo seja depositário da decisão quanto a seu destino e desenvolvimento, não vem, de forma direta, descaracterizar o princípio democrático.

Este exemplo já deixa evidente que o princípio, como fim, tem extensão de certa forma elástica, mas há um limite, um núcleo de significação, em que se torna rígido como a regra que prescreve de forma definitiva.

Diferentemente, quando se identifica uma regra constitucional, não há este caráter tão abstrato de significação. Não há previsão de um espaço de conformação, de acomodamento, da conduta prescrita, que se deve harmonizar com os princípios. Nestes estão contidos fins que devem ser ponderados; seu conteúdo operador de conduta é mediatamente finalístico. A regra, ao contrário, prescreve de forma imediata o operador de conduta.

Observando-se os planos em que os princípios armam um sistema de valores de um Estado de Direito, articulados com as regras constitucionais, pode-se ter uma vista preliminar da arquitetura formada pelos princípios, destacados em três planos:

a) estruturantes;
b) gerais;
c) especiais.

Assim, mostra amplos espaços demarcados pelos princípios estruturantes, com conotações complementares introduzidas por princípios gerais e especiais, e as regras constitucionais que moldam os verdadeiros núcleos de significação jurídica contidos nestes princípios.

A partir destes núcleos, formam-se diferentes contextos, orientados por teorias jurídicas específicas, que enunciam as condições em que estão constituídos os diversos planos das relações jurídicas. Formam-se, em cada um destes contextos amplos, os diversos ramos (do mesmo direito), que nada mais são do que formas de regramentos orientadas por critérios especiais.

Surge, assim, dentro do ordenamento jurídico, pela aglutinação de princípios, ampla divisão do ordenamento em forma de subsistemas. Tem origem neste contexto a sistematização jurídica orientada pela teoria geral do direito, v. g., a teoria geral do processo, a teoria do direito privado, a do direito administrativo, a teoria do fato jurídico, a teoria da norma jurídica, a da relação jurídica, etc. Destas subdivisões, algumas têm caráter geral e podem subdividir-se em tipos ou espécies; outras têm caráter especial. Todas se orientam e têm origem nos princípios específicos, deduzidos do sistema jurídico moldados na Constituição.

Como se verifica, a Carta Política regula a matéria de forma genérica, nem sempre especificando em que sítio se encontra tal ou qual princípio, mais ou menos genérico, e sem marcar as prescrições, indicando: aqui temos um princípio, acolá existe uma regra. Este labor cabe ao intérprete, fundado na estrutura de um proceder hermenêutico.

Esta diferenciação se impõe para que se possam identificar os elementos a serem considerados para combinar sintaticamente cada um dos princípios e constatar as diferentes reações que cada qual provoca quando incidir dentro do contexto - ou subcontexto - no momento da aplicação do direito.

Com a repetição, quer-se evidenciar o que é essencial à interpretação: existem duas subespécies de normas[43] (princípios e regras), que têm qualidades diferentes.

---

[43] A este propósito leciona José Joaquim Gomes Canotilho: "Os princípios interessar-nos-ão, aqui, sobretudo na sua qualidade de verdadeiras normas, qualitativamente distintas das outras categorias de normas - as regras jurídicas. As diferenças qualitativas traduzir-se-ão, fundamentalmente, nos seguintes aspectos:
1) os princípios são normas jurídicas impositivas de uma optimização, compatíveis com vários graus de concretização, consoante os condicionalismos fácticos e jurídicos; as regras são normas que prescrevem imperativamente uma exigência (impõem, permitem ou proíbem) que é ou não é cumprida (nos termos de Dworkin: 'applicable in all-or-nothing fashion'; a convivência dos princípios é conflitual (ZAGREBELSKY); a convivência de regras é antinómica. Os princípios coexistem; as regras antinómicas excluem-se;
2) consequentemente, os princípios, ao constituírem *exigências de optimização*, permitem o balanceamento de valores e interesses (não obedecem, como as regras, à 'lógica do tudo ou nada'), consoante o seu peso e a ponderação de outros princípios eventualmente conflituantes; as regras não deixam espaço para qualquer outra solução, pois se uma regra vale (tem validade) devem cumprir-se na exata medida as suas prescrições, nem mais nem menos;
3) em caso de conflito entre princípios, estes podem ser objeto de ponderação, de harmonização, pois eles contêm apenas 'exigências' ou 'standards' que, em 'primeira linha' (*prima facie*), devem ser realizados; as regras contêm 'fixações norma-

Assim, há uma demarcação diferenciada de articulação sintática dos conteúdos prescritivos contidos em cada uma das subespécies - para efeito da condução dos mecanismos mentais de captação de sentido.

O princípio, como se referiu, tem a função de introduzir e traduzir as metas que, mesmo sendo antagônicas entre si, não se excluem: devem conviver no sistema, dentro de um *balanceamento* dos conflitos.

Quando incidirem simultaneamente dois princípios, deve ser encontrada - pela aplicação do postulado da ponderação - a solução que melhor realize a ambos.[44]

Com os argumentos já postos, constata-se que a regra jurídica estabelece uma solução imediata concreta e específica, que, não conformada, nega validade à regra jurídica individual e concreta extraída do sistema. A regra se diferencia do princípio em face da sua conotação de conteúdo mais denso, menos abstrato, e que indica uma definição - em critério - específica direta e concreta do legislador constitucional.

A regra constitucional, a exemplo das demais regras, divide-se em dois tipos:

1 - a regra de estrutura, que é regra de como fazer regras;

2 - a regra de conduta, que se orienta pela functor deôntico permitido, proibido e obrigatório (regras permissivas, proibitivas e preceptivas).

Mas, da ponderação dos princípios, igualmente se extraem modulações que implicarão regras no momento da consignação das decisões que deverão ser observadas na aplicação da norma individual e concreta.

Identifica-se, assim, um fator comum às duas espécies: tanto o princípio violado impõe a invalidade da norma inferior, como a regra constitucional não cumprida implica a invalidade da norma subjacente.

---

tivas' definitivas, sendo insustentável a validade simultânea de regras contraditórias;

4) os princípios suscitam problemas de validade e peso (importância, ponderação, valia); as regras colocam apenas questões de validade (se elas não são correctas devem ser alteradas)" (*Direito constitucional*, p. 167).

[44] Como afirma Humberto B. Ávila: "O dever de proporcionalidade consiste num postulado aplicativo (...). Consiste numa conclusão normativa, isto é, instituída pelo próprio Direito para a sua devida aplicação. Sem obediência ao dever de proporcionalidade não há a devida realização integral dos bens juridicamente resguardados" (Trabalho citado, p. 170).

Assim, pela irradiação de efeito das regras e dos princípios constitucionais, forma-se um sistema jurídico formalmente fechado, porque ele é o que determina, por regras constitucionais, procedimentais e materiais finitas, prescritivamente, uma estruturação em termos específicos.

Este rigorismo legal fechado é mesclado pela concatenação axiológica dos princípios que abrandam o determinismo, permitindo a formação do conflito, por via do qual se aglutinam os interesses da sociedade. Dessa forma, os princípios abrem o sistema à penetração dos valores sociais, até alcançarem um plano que permita a realização dos fins do Estado, e se unem às regras, conformando um sistema com *fixação normativa definitiva*.

Com estes argumentos pode-se afirmar a diferença entre postulado, princípio e critério. Já se disse, quando se tratou dos postulados, que estes constituem um mecanismo específico de processo de formulação e estruturação dos elementos em condições tais que permitam o conhecimento da norma jurídica que se quer identificar. O postulado não indica fim, ele é o caminho neutro que deve ser seguido para alcançar determinado fim.

O postulado não se pondera: indica a forma rígida segundo a qual deve ser obtida solução a partir da combinação ou associação de conteúdos. Trata-se de forma de condução do pensamento, e por isso ele se situa no âmbito da forma de associação de idéias. Logo, insere-se no âmbito abstrato em que não há, em última análise, especificação qualificativa.

Consideramos como postulados a unidade, a coerência, a hierarquia e a supremacia da Constituição. A unidade existe ou não existe: ou se tem um todo orgânico, ou se tem um aglomerado disperso. Não está sujeita a um grau de aplicação, mas a uma forma específica de orientação e acomodação do sentido no ato de pensar a norma. Como há uma unidade lógica do pensamento, no contexto do direito, pode haver uma unidade de pensamento em qualquer outra ciência.

A mesma situação se dá com a coerência do sistema. Havendo uma contradição no sistema - em qualquer sistema -, ele se desarticula.

No postulado da hierarquia, a questão fica ainda mais evidente. Ou a norma se impõe em face de sua hierarquia superior, ou o sistema, como um todo, passa a não ter mais estrutura. O postulado da supremacia da Constituição é o fundamento do próprio Estado de direito. Admitindo-se que a lei pode violar a norma constitucional, esta perde a sua imperatividade, e o Estado de direito desmorona. Contrastando os critérios com os postulados, verifica-se que muita vez da estruturação de um decorre o outro. Para se culminar numa estruturação normativa, que seja hierarquizada (postulado da hierarquia), instituiram-se os critérios de solução das antinomias: os critérios normativos da superioridade, cronologia e especialidade são, na realidade, formas para alcançar o postulado da unidade semântica do ordenamento jurídico.

Constituem uma escolha de uma forma, entre outras, de solucionar questões postas normativamente. O critério da superioridade define a estrutura de forma escalonada do sistema e indica qual o dispositivo que deve ser aplicado pelo hermeneuta. O critério da cronologia, em que a norma posterior revoga a norma anterior, constitui forma de se poder adaptar o próprio direito à evolução e às necessidades imanentes ao convívio social, e também indica a regra válida. O critério da especialidade é forma que permite adequar a regulação dos casos especiais, destacando-os dos casos genéricos, introduzindo a isonomia, que se dá pelo trato dos iguais com igualdade e dos desiguais com desigualdade. Consta-se, pois, que o critério se insere entre os mecanismos aplicativos das normas, tanto dos princípios como das regras.

4. A atribuição das competências legislativas na Constituição brasileira

4.1. A repartição das funções legislativas

O sistema jurídico brasileiro é complexo, em face da instituição da Federação, que é formada por três entidades políticas governamentais, cada uma com competências específicas e próprias, incluindo-se, para efeito do presente estudo, o Distrito Federal no mesmo plano de competência dos Estados-Membros. Cabe ter bem presente que o art. 18 da Constituição estatui que a República Federativa tem a sua organização política e administrativa - que é única - distribuída entre União, Estados e Municípios e Distrito Federal.

Para que a União, os Estados, os Municípios e o Distrito Federal possam desencumbir-se de suas tarefas administrativas, foi-lhes atribuída autonomia financeira, por via da competência tributária. Na estruturação do Estado Federal, a Carta reservou uma competência genérica e geral ao Congresso Nacional, criando uma unidade jurídica em traços largos, deixando aos entes integrados - União, Estados, Distrito Federal e Municípios - a competência para disporem, por via de suas respectivas casas legislativas, sobre o detalhamento da atividade político-administrativa inerente às suas tarefas.

Para alcançarem, também, a autonomia financeira, atribui-lhes competência tributária, delimitada por eventos econômicos, que é pressuposto necessário para garantir a autonomia política. Mas esta competência foi concedida dentro dos marcos prescritos pela Constituição, de forma tal que se harmonize com a preservação dos direitos e garantias de cada cidadão contribuinte.

Neste segmento será extremamente útil o que se referiu quanto aos princípios estruturantes, porque é de sua concatenação - Estado de Direito Republicano, Democrático e Federativo - que emerge o convívio entre a União, os Estados, o Distrito Federal e os Municípios, e que se reflete no contexto da competência para estabelecer normas. Assim, estas entidades políticas foram instituídas e são mantidas dentro da estrutura constitucional - moldada pelos princípios estruturais, atendendo aos princípios gerais e especiais.

Neste sítio se estabelecem, pois, as outorgas de competência, que fixam os limites de validade das leis tributárias. Em outros termos, v. g., para se delimitar onde atuam as leis ordinárias em geral e a complementar, deve-se partir do texto constitucional, que tem seus pilares mestres nos princípios estruturantes, que, em largos traços, de forma quase abstrata, instituem os limites e finalidades gerais a serem observados pelos entes políticos. Estes espaços são preenchidos por princípios gerais, que estipulam as condições formais e materiais necessárias para que as normas jurídicas sejam admitidas, com validade no sistema jurídico. Num campo mais restrito, como já se referiu, têm-se princípios especiais, que incidem mediatamente em situações mais delimitadas, e, finalmente, as regras constitucionais prescrevem sobre as condutas de forma direta, imediatamente.

Assim, no momento em que a Carta outorga uma competência para cobrar tributo, v. g., no art. 153, ela o faz por regra que instala esta competência de forma soberana no sistema.

Neste ponto é importante realçar que a atribuição de tarefa político-administrativa e o poder de cobrar tributo estão vinculados e constituem aspectos da mesma situação. Não se atribui a competência tributária como fato autônomo. Ela só se justifica porque, previamente, há competência administrativa, cujo exercício requer condições econômicas para fazer frente aos custos a serem incorridos para desenvolver o respectivo dever jurídico.

Neste núcleo estão presentes, ao mesmo tempo, os limites ao poder de tributar e o dever do cidadão de contribuir para que o Estado tenha condições de fazer frente aos custos comuns da comunidade política. Este dever, como se verá adiante, é moldado pelos princípios da capacidade contributiva. Forma-se, desta maneira, o estado social democrático solidário, moldado pela igualdade de todos na lei e perante a lei.

Esses princípios, que devem ser observados no momento de cada decisão atinente a cada uma das relações jurídico-tributárias, têm, de um lado, o Estado com seu poder imperativo controlado, e no outro pólo da relação está uma pessoa que, não obstante estar obrigada a contribuir para os cofres públicos, tem seus direitos personalíssiveis de cidadania e garantias individuais assegurados, notadamente os da propriedade sobre a qual a tributação incide como fator expropriatório constitucionalmente controlado. Neste sentido leciona o professor Lorival Vilanova:

> "Os direitos personalíssimos são a projeção eficacial decorrente da incidência de normas constitutivas de personalidade sobre suportes fácticos (ser humano com vida): não estão antes, ou acima do ordenamento jurídico positivo. Estão no interior do sistema de normas. Se há normas e há fatos que sofrem sua incidência, há relações jurídicas em sentido amplo, ou relações jurídicas em sentido técnico restrito relativos: estão na estrutura interna das relações jurídicas.
> Sua absolutidade diz respeito apenas ao sujeito passivo, que é indeterminado, pois abrange a extensão universal (o conjunto) de todos os sujeitos-de-direito que têm o dever abstrato e negativo de não impedir o exercício dos direitos subjetivos personalíssimos".[45]

Este núcleo de normas, com conteúdos contrapostos, forma o primeiro plano da relação jurídico-tributária, vinculando o sujeito passivo ao ativo e se reflete na decisão relativa a cada caso concreto.

O princípio federativo, como os demais, se insere entre os princípios dos quais emerge o princípio especial da isonomia das pessoas políticas, o princípio da igualdade, que, dentro do postulado da unidade da Constituição, briga por um espaço de eficácia de seu conteúdo no momento da aplicação do direito aos casos individuais concretos.

Mas as regras que implantam esta estrutura, por via de atribuição e distribuição de competências, ao contrário, são antinômicas e excludentes, porque regulam núcleos concretos e específicos, atribuindo diretamente o poder de praticar atos específicos.

Como o direito - aqui considerado no sentido lato - tem por objeto regular o convívio social, o constituinte identificou temas que, por dizerem respeito diretamente à vida diária de cada cidadão, devem ser decididos e realizados no âmbito em que ocorrem.

Com isso se viabiliza um controle mais direto do próprio povo, o que, sem dúvida, se harmoniza com a essência democrático-republicana, que tem no exercício da liberdade seu fundamento essencial.

A lei estadual e a municipal, quando prescrevem, dentro da sua competência, sobre as atividades que constitucionalmente lhes

---

[45] *Causalidade em relação do direito*, p. 112.

incumbem, não são menos nem mais eficazes do que a lei federal. Pelo contrário, a lei federal não tem validade na parte reservada às matérias de competência dos Estados e Municípios, exatamente porque aqui incidem regras constitucionais - antinômicas - que consubstanciam determinada e específica atribuição de poder.

A estrutura federativa brasileira, posta em planos (federal, estadual, municipal e do Distrito Federal), é instrumento de controle de poder, que deve ser exercido sem pôr em risco o Estado Nacional. Atribui-se competência em três planos distintos, que normalmente se encontram aglomeradas em um Estado unitário. Com isso se afasta a autocracia.

Novamente é de interesse reenfatizar que, pela competência, se faz a atribuição de tarefa, e esta deve ser decidida politicamente e concretizada por quem recebeu a outorga. Trata-se, pois, da localização geográfica da tomada de decisão. Mas esta estrutura do ordenamento, por mais extensa que seja, não admite a sobreposição de competências verticais e horizontais das três entidades distintas. Quando este fato ocorre - o que se denomina de competências concorrentes - como se verá, há uma atribuição específica a cada um, e ocorre o reconhecimento formal de uma primazia de incidência das normas gerais ditadas pela União.

Neste contexto têm-se vigendo normas jurídicas instituídas pelo Legislativo federal regulando a parcela da competência que lhe coube; normas emergentes dos Legislativos estaduais, regulando como devem ser realizadas as tarefas administrativas em cada Estado, e, ainda, normas municipais incidindo sobre fatos cujo regramento cabe aos Municípios, dentro de seus territórios.

Cria-se certa complexidade quando a Constituição, pelo art. 24, § 2º, confere competência para as duas entidades políticas estabelecerem normas sobre a mesma matéria, de forma concorrente, cabendo à União instituir normas gerais, e aos Estados suplementá-las. Mas estas competências, porque brotam do texto, caracterizam fontes normativas originárias e independentes, por terem sua fonte primeira na outorga constitucional, questão que se retomará quando do exame da hierarquia das leis, no próximo subtítulo. Esta fonte originária é a única hierarquia que se instala, a não ser que haja norma nacional, válida, prescrevendo procedimento e limites a serem observados pelos Estados e Municípios, quando instituírem determinadas normas. Neste caso instala-se a hierarquia, porque está presente uma norma sobre como se constituir norma.

Da interpretação sistemática devem emergir intactas todas as normas produzidas nas três outorgas de competência, que se delimitam por via das respectivas competências materiais e formais, formando verdadeira unidade.[46]

Esta unidade não é parcial, já se viu, pois o Estado Nacional é uno. Logo, neste contexto, não se trata de um princípio da unidade da Constituição, como afirma José Joaquim Gomes Canotilho, mas já se tende para a caracterização de postulado que afirma a unidade sintática e semântica da Constituição, que deve ser construída a partir do ordenamento como um todo.

No deslinde deste tema será de extrema utilidade levar em conta a unicidade do Estado, estruturada na Constituição, que distribui, de forma harmônica, todo o poder político compreendido pelo Estado Nacional entre diversos órgãos, instituídos em quatro planos distintos: a própria Federação, a União, os Estados (no mesmo plano o Distrito Federal) e os Municípios.

A outorga do direito conferido aos Estados-Membros para terem sua Constituição, cujo objeto é organizar uma estrutura político-administrativa parcial, tem origem na Carta Nacional, que determina, na qualidade de regra de produção normativa, os limites e procedimentos relativos a esta outorga. Tanto assim é que o Poder Constituinte Estadual deve respeitar os espaços compreendidos pela outorga de poder político, preservando a instituição federal e os poderes deferidos aos Municípios.

Neste contexto, a Constituição Federal é norma de estrutura das Constituições Estaduais, que regulam como devem ser formuladas as normas que estruturam a administração estadual, para cumprir as funções a elas reservadas como integradas ao Estado Federal.

4.2. A questão da hierarquia das normas

A Carta Política, como já mencionado, constitui o ponto de partida, norma fundante e inaugural, e o limite máximo de todo o

---

[46] José Joaquim Gomes Canotilho ensina: "I - O princípio da unidade da constituição ganha relevo autônomo como princípio interpretativo quando com ele se quer significar que a constituição deve ser interpretada de forma a evitar contradições (antinomias, antagonismos) entre as suas normas. Como 'ponto de orientação', 'guia de discussão' e 'factor hermenêutico de decisão', o princípio da unidade obriga o intérprete a considerar a constituição na sua globalidade e a procurar harmonizar os espaços de tensão (cfr. supra, Cap. 2º/D-IV) existentes entre as normas constitucionais a concretizar (ex.: princípio do Estado de Direito e princípio democrático, princípio unitário e princípio da autonomia regional e local)" (*Direito constitucional*, p. 226).

ordenamento jurídico. É a primeira fonte jurídica e contém, como mencionado, dois tipos de normas:
a) princípios;
b) regras.

Os princípios, como se observou, demarcam os fins, que se articulam em convívio conflitual, horizontal, enquanto as regras são antinômicas. Neste contexto, tem incidência o que se afirmou sobre o conteúdo prescritivo contido nos princípios. Efetivamente, num primeiro momento, o grau de aplicação do princípio é mediato. Mas, uma vez aplicado o postulado da ponderação, em que os limites dos valores estabelecidos nos princípios são adequados à aplicação ao caso concreto, ou seja, o princípio já ponderado, contraposto aos demais, passa a ser imediatamente aplicável. Assim, nesta segunda fase, ou no grau máximo de sua aplicação ao caso concreto, o princípio passa a ter concretização, incidência imediata, causando os mesmos efeitos da regra que se instala por conflito antinômico.

Assim, os princípios já ponderados, no grau em que se impuseram, na aplicação ao caso concreto, se tornam regras e a partir deste ponto reclamam a identificação de critérios para sua consubstanciação na aplicação.

As regras - incluindo os princípios já ponderados - podem ser divididas em:

a) materiais, que estabelecem diretamente relações intersubjetivas - normas de condutas materiais que regulam a conduta por três vetores:
- permitindo,
- obrigando,
- proibindo.

b) normas de estrutura, que, estabelecendo procedimentos e competências para produção de normas jurídicas de hierarquia menor, estabelecem a cadeia de casualidade jurídica que forma o Direito Positivo.

Esta últimas são normas de produção normativa, que, em síntese ampla, atribuem competências, criam órgãos específicos e regulam como as normas inferiores devem ser postas e retiradas do sistema jurídico.

Na formação das normas de conduta, concretizadas nos casos individuais, tem grande relevância esta divisão. Com efeito, é por isso que se decreta a invalidade das decisões quando não tiverem sido observadas, v. g., as regras processuais aplicáveis aos procedimentos - processos -, que culminam nas decisões judiciais e administrativas.

Eurico Marcos Diniz de Santi afirma que as normas de comportamento: "Se referem às condutas, modalizando-as como permitidas, proibidas e obrigatórias".[47]

Norberto Bobbio leciona que normas de estrutura são:

> "Normas que não prescrevem a conduta que se deve ter ou não ter, mas as condições e os procedimentos através dos quais emanam normas de conduta válida, v. g., regras que prescrevem competência, imunidade, processos legislativos, processo judicial, procedimentos administrativos".[48]

A este respeito ainda observa Eurico Marcos Diniz de Santi: "As normas de estrutura também regulam, em sentido lato, um comportamento: a conduta de produzir normas jurídicas".[49]

A hierarquia entre as normas jurídicas é definida por José Souto Maior Borges como: "A relação subordinante que se instala entre a norma que regula a criação de outra norma. Assim, a norma criada deve estar conformada com a que determina e autoriza a sua criação".[50]

Quando se estiver diante de normas que, para serem aplicadas ao caso concreto, dependem da aplicação de outra norma, pode-se falar em hierarquia.

Por isso, nem sempre há hierarquia entre as normas que atuam no sistema jurídico de forma concorrente. Pelo art. 24 e seus parágrafos da Constituição, a União tem competência para legislar sobre normas gerais, inclusive as tributárias, e os Estados e o Distrito Federal têm atribuições para normatizar supletivamente, tanto no que se refere a normas de estruturas - procedimentos -, como a normas de conduta.

Assim, pode-se ver que há hierarquia no âmbito das competências concorrentes, prescrita no art. 24 da Carta, quando a Federação legisla em termos de norma geral, e a suplementação é feita pelos Estados e Municípios. Há, pois, duas competências distintas: uma para traçar normas gerais, conferida à Federação, e outra para suplementá-las, conferida aos Estados-Membros. Haverá hierarquia entre normas, tão-somente se a norma federal for de estrutura

---

[47] *Lançamento Tributário*, p. 54.
[48] *Teoria della norma giuridica*, p. 37.
[49] *Op. cit.*, p. 55.
[50] *Lei complementar tributária*, p. 15.

de outras normas inferiores. No caso das normas gerais - incluindo as de natureza concorrente -, a hierarquia se estabelece em face dos contornos - tanto materiais como formais, que são criados e que circunscrevem os limites da competência dos Estados.

Contudo, se o Congresso Nacional não dispõe sobre determinada matéria, em forma de normas gerais, o Estado-Membro, nos termos do § 3º do art. 24, tem competência para regrá-la, antes de o Congresso Nacional fazê-lo. Sobrevindo a norma geral, produzida pela Federação, as normas gerais estaduais ficam com sua eficácia técnica suspensa, atendendo à prescrição, contida no § 4º do mesmo preceito.

Com estes argumentos já se pode afirmar que os fatos jurídicos constitucionalmente prescritos, que indicam os elementos factuais que compõem os fatos jurídicos constitucionais que atribuem competências tributárias, delineiam e constituem os marcos-limite dentro dos quais pode ser exercido este poder. Estes fatos jurídicos (v. g. mercadorias, propriedade, renda) traçam as linhas-limite de validade das normas dos entes tributantes.

Destaca-se, em face desta delimitação, a importância do conteúdo do fato adotado pela Constituição para instituir a competência. Os limites de sua compreensão demarcam o poder de tributar.

Para bem marcar esta questão de suma importância, refere-se mais uma vez que, v. g., a outorga de competência para os Estados instituírem o ICMS é regra de estrutura que fixa os limites de competência material definida pelo termo *mercadoria*, considerado este no seu conteúdo originário, ontológico, real, não se podendo admitir qualquer acréscimo a seu conteúdo de significação, nos moldes postos constitucionalmente, pela legislação ordinária, sob pena de invalidade.

Confirma-se lição de Norberto Bobbio, antes transcrita, de que há dois tipos de limites:

a) os materiais;
b) os formais.

No contexto do limite material, a tarefa do legislador ordinário é meramente moldar contornos de conteúdo, denotados pelos conceitos, por elementos e caracteres concretos previstos no texto constitucional.

Dentro destes limites, que a Constituição prescreve, deve-se estabelecer a obrigação tributária. Não atendê-los implica produção de regra não-válida.

Neste conceito, a Constituição indica os elementos, as notas, dos fatos, pelos quais estabelece a figura que constitui o limite do poder de a União, os Estados-Membros, o Distrito Federal e os Municípios instituírem a base de cálculo. A Carta, quando se refere à base impositiva de um imposto, está atuando como norma de estrutura, prescrevendo limites que não podem ser transpostos pelo legislador ordinário, inclusive o complementar. Instala-se aí a hierarquia na forma mais radical, pois se está estabelecendo um rígido controle ao poder de tributar.

Cabe sublinhar que a outorga de competência, pela Constituição, se situa na origem da norma de estrutura. Neste contexto, opera-se no terreno da validade da ponência de normas gerais e abstratas, ou individuais e concretas, no sistema jurídico. Não observado qualquer limite posto no processo de produção da norma, cogita-se de invalidade.

No Estado Federativo, a outorga da competência legislativa ao Município ou ao Estado não significa que o objeto posto à decisão legislativa destes seja menos importante, constitucionalmente, do que quando há reserva à normação da Lei Federal. Cada entidade política tem competência para regular aspectos da administração pública e as respectivas leis, desde que postas nos limites dos princípios e das regras constitucionais de estrutura, têm validade e não se subordinam entre si.

O art. 146 da Carta, que outorga ao legislador complementar competências especiais, insere-se neste contexto e nada mais é do que um mecanismo posto para regulamentar a convivência tributária entre os diversos entes políticos e o contribuinte. Para o legislador complementar, a Constituição, quando limita o poder de tributar, referindo-se, v. g., a renda, mercadoria, receita bruta, etc., constitui regra de estrutura na sua acepção mais aguda; estabeleceu o limite que não pode ser ultrapassado. Com esta conclusão já há fundamento para afirmar que o limite do poder de tributar está demarcado, num primeiro plano, no conceito constitucional relativo ao fato jurídico admitido como hipótese, a qual, se ocorrida, nos termos da regra matriz tributária, instala a relação tributária.

Tem, pois, razão Celso Ribeiro Bastos quando, referindo-se à hierarquia entre lei complementar e lei originária, leciona que há "inviabilidade lógica de se instalar hierarquia entre lei complementar e lei ordinária".[51] A hierarquia tem outro fundamento, qual seja, a norma produzida deve-se adequar à norma que regula a sua produção.

---
[51] *Lei complementar teoria e comentários*, p. 401.

4.3. A lei nacional

Pelas linhas estruturais da Constituição, ao adotar o Federalismo, constata-se que o poder de decidir o que deve ser feito, ou seja, a competência legislativa, foi dividido em quatro níveis:

a) nacional, vinculando todas as instituições, inclusive as estaduais e municipais, instituídas pela Constituição;

b) federal, traçando normas que regem a atividade da União na qualidade de órgão, criado constitucionalmente, que tem a competência para executar as decisões de governo atribuídas à Federação;

c) a estadual e, no mesmo nível, o Distrito Federal, que - nos limites constitucionais, - define questões por leis que valem nos respectivos espaços territoriais;

d) a municipal, que decide no espaço municipal no que tiver competência.

Neste contexto, estabeleceu-se uma unidade administrativa nacional federativa, integrando a administração pública no sentido lato como um todo homogêneo, compreendido pela integração das quatro competências. Atribui-se ao Congresso Nacional competência para instituir as leis nacionais que regem tanto a Federação (como um todo unitário), quanto as que regem a União (leis federais), que atuam de forma paralela e às vezes contraposta às demais entidades políticas.

A Carta Política é expressa neste sentido, seja no Título III, que se denomina *Da Organização do Estado*, seja no seu art. 18, quando estatui que "A organização político-administrativa da República Federativa do Brasil compreende a União, os Estados, o Distrito Federal e os Municípios". Aqui será de grande valia repetir-se que o Estado articula, por via legislativa, uma organização administrativa única, para ter a condição de Estado Nacional.

O termo *Estado*, utilizado no pórtico do Título III, não tem a mesma significação do termo *Estado* utilizado na prescrição normativa do art. 18. O Estado constante do título citado significa República Federativa do Brasil, e o termo *Estado* utilizado no *caput* do art. 18 significa a denominação das unidades em que está dividida a República.

O Estado, instituição jurídica parcial, figura ao lado de outras congêneres, a União, o Município e o Distrito Federal, e é submetido a uma só organização política: o Estado Federal.

Com efeito, não é gratuitamente que a própria Constituição, em seu art. 18, prescreve que: "A organização político-administrativa da República Federativa do Brasil compreende a União, os Estados, o Distrito Federal e os Município". Aqui, têm-se os efeitos de um princípio estruturante - federativo - que concede aos Estados - unidades federadas - autonomia político-administrativa, *nos termos desta Constituição*.

Esta limitação é repetida no art. 25 da Carta, em que, de um lado, submete os mesmos Estados-Membros aos *princípios* da Constituição Nacional e, de outro, lhes outorga as competências para legislar sobre o que não lhes seja vedado. Assim, outorga-se competência residual aos Estados, além da outorga do direito de se auto-organizarem.

Como se vê, a autonomia constitucional dos Estados-Membros e do Distrito Federal cumpre mera função descentralizadora de poder político, a de administrar a *res publica* dentro do Estado Federal, e, por isso, limitada por este. A auto-organização prende-se ao exercício da *res pública* com vista a que o todo decida, com mais efetividade, a lei que regulará a convivência entre as partes.

Assim, este todo do qual se fala é a estruturação jurídica que guarda uma unidade e busca materializar no tempo o Estado Federal. A Constituição urdiu a sistemática para instituir este todo; criou uma estrutura jurídica básica nacional, que constitui um arcabouço maior, e dentro da sistematização do exercício deste poder único reservou ao Legislativo, desta entidade maior, competência para legislar sobre o que entendeu comum a todos.

Na análise dos limites de competência demonstra-se que, efetivamente, se desenha a seguinte estrutura: há uma divisão de competência legislativa estabelecida pela Carta, com as características essenciais já postas, em que se institui a isonomia das pessoas políticas, de forma constitucional. Cada qual destes entes tem poder para decidir politicamente dentro dos seus limites sobre a organização administrativa. Neste contexto, forma-se a estrutura do ente político denominado pela própria Constituição de *República Federativa do Brasil*, constituída no Estado soberano que representa a reunião de todos os brasileiros como ente uno. O termo *Federação* identifica a existência de um todo, cujas partes formadoras são as unidades políticas parciais mencionadas.

Assim, a União é um ente político meramente administrativo - órgão de governo -, que executa a decisão política correspondente ao ente Federação, tomada pelo Congresso Nacional, provendo a Organização Administrativa Nacional. Sendo parte, por razão lógica, não pode ser confundida com o todo; o todo é também compreendido pelos Estados e Municípios e o Distrito Federal.

Na demarcação das competências, nada mais se faz do que atribuir tarefas a cada um. Atribui-se a respectiva parcela do poder normatizador político-administrativo aos Estados, ao Distrito Federal e aos Municípios, identificando-se, para esta função, respectivamente as Assembléias Legislativas e as Câmaras de Vereadores.

Remanesceu, além das matérias enumeradas nos arts. 48 e 49 da Constituição, na competência da Federação: primeiro, toda a matéria enumerada no art. 22, que é privativa e em cujo âmbito se inserem o direito comercial e o civil, aos quais se voltará adiante; segundo, o poder de legislar por via de norma geral nos casos de competência concorrente, cabendo a suplementação, nos termos do art. 24, § 2º, aos Estados; terceiro, para ficar restrito ao necessário, a competência para legislar outorgada, também por normas gerais, nos termos do art. 146, III, no âmbito do subsistema tributário.

Sem dúvida, a Constituição, no art. 24, § 2º, ao conferir poder para legislar em forma de normas gerais, está estabelecendo um princípio geral. No art. 146 se outorga a mesma competência de legislar por normas gerais - por via de um princípio especial - ao legislador complementar, no âmbito tributário. Assim, a espécie de normas é a mesma: norma geral. Somente a Constituição adotou o princípio que deve ser observado quando há outorga concorrente e estabeleceu também este mesmo princípio geral como regra jurídica especial no âmbito tributário.

Destarte, no âmbito tributário, quando se atribui competência para o Congresso Nacional compor conflitos, para regular limitações, para traçar normas gerais, cria-se, por regra constitucional, um limite claro do exercício da competência. Logo, trata-se de norma sobre como se deve legislar, onde se instala a hierarquia. Estes são os limites que a Constituição impõe, no âmbito tributário, para que a União, os Estados e os Municípios cumpram seu dever constitucional.

A lei complementar tributária, desde que se mantenha no âmbito de validade previsto na Constituição, submete a todas as entidades que compõem a Federação, inclusive a União, no momento em que se produz norma jurídica que desencadeará as relações jurídico-tributárias. Ao mesmo tempo, cabe ter em mente que a suplementação destas normas gerais, no plano federal, deve ser instituída pelo mesmo Congresso Nacional, que é órgão político que decide em dois planos.

O mesmo órgão tem assim, conseqüentemente, duas funções específicas, ou melhor, duas competências: a primeira é formular o processo de instituição da lei complementar, atendendo a um procedimento que se diferencia, já na iniciativa, e deve ser aprovado por *quorum* especial (art. 69 da Carta). A segunda, instituir tributo, por lei ordinária, em face do poder outorgado diretamente pela Constituição, mas submetida às limitações do poder de suplementar a própria norma complementar e essencialmente aos limites constitucionais.

Neste contexto, desemboca-se em dois planos jurídicos: um, moldado pela Carta, restrito ao traçado das normas gerais; o outro, relativo à prática de procedimentos complementares ao exercício deste poder, em que o legislador deve cingir-se aos lindes traçados pelas normas gerais. Se este órgão - beneficiário da competência -, ao legislar na forma ordinária, ultrapassar os lindes traçados pela lei complementar tributária - que o próprio poder legislativo nacional instituiu -, estará laborando no terreno da invalidade, porque viola regra de estrutura de hierarquia superior. Igualmente, quando o Congresso Nacional, formalmente, produzir norma cuja competência não se inserir no âmbito da lei nacional, porque ofensiva à outorga constitucional, estará legislando ordinariamente para a União, não obrigando os Estados.

Assim, a Carta, ao instituir duas espécies de leis, ordinárias e complementares, que têm objetos diferentes, dá origem a três planos distintos e inconfundíveis: o primeiro, o constitucional; o segundo, o de traçar contornos gerais mediante um procedimento específico; e o terceiro, que suplementa estes contornos.

Vale notar que esta atividade legislativa supletiva no âmbito tributário, quando se trata dos Estados e dos Municípios, é atribuída, respectivamente, às Assembléias Legislativas e às Câmaras de Vereadores. Como a ciência se utiliza da divisão tipológica, não se pode negar que há diferença essencial entre estas duas normas produzidas pelo Congresso Nacional, e, por isso, devem ser denominadas de forma diferente, sob pena de se perder concisão.

Souto Maior Borges aprofundou este tema e concluiu que "As ordens jurídicas da União e dos Estados-Membros são assim ordens parciais igualmente subordinadas à ordem jurídica da comunidade total",[52] e, por isso, passou a denominar as leis aplicáveis a todos, inclusive aos Estados e à União, de leis nacionais, e as demais, de leis federais, denominação que se adota.

A República Federal, ou Federação, é o Estado Nacional. A União é o órgão administrativo que recebeu incumbência de gover-

---
[52] *Lei complementar tributária*, p. 65.

nar, de executar as decisões políticas, consubstanciadas em leis federais, relativas à parte da organização político-administrativa que lhe cabe e, assim, executa parcela, específica e isolada, da organização da Administração Pública Nacional.

De se notar que se fala em mera execução, porque a decisão relativa ao que deve ser realizado - ou seja, a decisão política - cabe ao Congresso Nacional. Assim, o Presidente da República tem duas funções distintas:

a) a de Chefe da Nação brasileira;

b) a de Chefe do Poder Executivo no exercício do poder administrativo, relativo às tarefas atribuídas à Federação.

4.4. A lei complementar tributária

Como conseqüência do que se refere no subtítulo anterior, há fundamento para se afirmar que a Carta Política, ao outorgar competências para instituir normas jurídicas, forma diversos planos prescritivos, que, em face da importância que o constituinte lhes concedeu, às vezes caracterizam verdadeiros contextos de conteúdo estritamente constitucional, por via dos quais prescreve definitivamente e com exclusividade sobre determinado tema, não sendo permitida qualquer modulação de conteúdos prescritivos posteriores.

Nesses casos, o Direito Constitucional estabelece de vez o direito aplicável, pondo-o fora do âmbito decisório do Poder Legislativo. O tema deve ser resolvido estritamente a partir do texto constitucional.

Entre estes casos, de dicção jurídica definitiva, arrolam-se as normas que traçam os limites ao poder de tributar de cuja execução, executando-se casos específicos, emergem núcleos de regras constitucionais completas. Estas normas, como já afirmada, podem ser ou princípios ou regras, que se articulam de forma diversa, como subtipos de normas que têm critérios de convívio específicos com outras normas.

Contudo, independentemente de serem princípios ou regras, o fato de serem constitucionais, já lhes concede o imperativo do postulado da hierarquia de norma superior, porque, quando não esgotam a dicção normativa sobre o tema, dentro do plano constitucional, traçam moldura que deve ser preenchida no âmbito normativo de hierarquia inferior.

Sem dúvida, a competência atribuída à União para instituir Imposto sobre a Renda, contida no art. 153, III, da Carta Política, se insere entre os dispositivos que limitam o poder do Estado. Contudo, para que se tenham condições de formular um contexto definitivo, é imprescindível fixar os limites que o legislador complementar tem para enriquecer as regras que moldam a base impositiva do Imposto sobre a Renda.

Para se formular qualquer conclusão mais crítica sobre o conceito de renda, é imprescindível definir claramente se o conceito de renda é estritamente constitucional ou se o legislador ordinário tem competência para lhe traçar novas linhas de demarcação de sentido.

O intérprete, para este efeito, deve considerar que existem normas constitucionais que regulam questões de forma minudente, permitindo, contudo, a interferência do legislador complementar para regular questões mencionadas no art. 146 da Carta.

Esta questão, além de ser analisada de forma específica, no presente subtítulo, ficará pairando como um pano de fundo na discussão de todo o tema relativo ao objeto do presente estudo.

A identificação dos comandos normativos que emergem do art. 146 da Constituição tem dividido a doutrina em duas linhas, como bem relata o professor Paulo de Barros Carvalho, que esclarece haver uma corrente da doutrina que adota uma linha mais tradicional, apegada à leitura pura e simples do arranjo textual produzido pelo legislador, e que entende serem efetivamente três os tipos de normas que brotam deste texto:

"a) as que dispõem sobre conflitos de competência entre as entidades políticas;
b) as que regulam os limites constitucionais ao poder de tributar;
c) as que estabelecem normas gerais em matéria de legislação tributária, subdividindo-se em diversos subitens".[53]

A outra corrente, à qual se filia o professor Paulo de Barros Carvalho, busca, por interpretação sistemática, demonstrar que a lei complementar pode, em face dos incisos I e II do art. 146, unicamente instituir normas gerais:
 a) que regulam conflitos de competência;
 b) que traçam as limitações constitucionais ao poder de tributar.

---
[53] *Curso de direito tributário*, p. 128.

Quanto ao inciso III, do mesmo preceito, como a própria norma menciona, entende o professor paulista que cabe à lei complementar traçar normas gerais sobre tributos e suas espécies, sobre os fatos geradores, bases de cálculo e contribuintes. Por fim, a lei complementar estaria limitada a traçar normas gerais sobre obrigação, lançamento, crédito, prescrição e decadência tributária.[54]

Em face do corte metodológico que limita a proposta do presente estudo, examinar-se-á a questão relativa à limitação do poder de tributar de forma suficiente para levar adiante o desenrolar do tema, deixando-se, por isso, de examinar mais profundamente a controvérsia citada.

A primeira questão, relativa ao tema que remanesce sem deslinde e deve ser enfrentado, é identificar exatamente o que significa o termo *normas gerais*. Segundo o professor Paulo de Barros Carvalho, pela interpretação sistemática, respeitados todos os comandos constitucionais, havendo conflito, cabe à lei complementar dispor sobre esta matéria. Já se assentou que o limite do poder de tributar está centrado no texto constitucional. Contudo, não se traçou um contorno do que é norma geral de Direito Tributário, que seria figura sem conceito específico, até para o professor e jurista Aliomar Baleeiro, que introduziu a expressão na Constituição de 1946. É oportuno mencionar a este respeito o depoimento de Rubens Gomes de Sousa, que informa:

> "Perguntado por mim quanto ao sentido que ele lhe dava, no intuito de obter uma interpretação autêntica, ele me confessou que não tinha nenhuma, que nada mais fora do que um compromisso político, que lhe havia ocorrido e que tinha dado certo. O importante era introduzir na Constituição a idéia; a maneira de vestir a idéia, ou seja, sua roupagem, era menos importante do que o seu recebimento no texto constitucional, e o preço deste recebimento foi a expressão normas gerais que delimitava, sem dúvida, o âmbito da competência atribuída, mais em termos que nem ele próprio, Aliomar, elaborara ou raciocinara".[55]

Não obstante a afirmação do professor Paulo de Barros Carvalho, de que não há conceito legal formulado,[56] a atual Constituição, como se mencionou acima, no art. 24, § 2º, quando dispõe sobre

---

[54] Id. Ibid. p. 129.
[55] *Comentários do código tributário nacional*, Revista dos Tribunais, p. 4-5.
[56] *Curso do direito tributário*. p. 139.

legislação concorrente entre Estados e Federação, faz uma divisão entre os dois entes políticos, atribuindo a competência para a elaboração das normas gerais à Federação, não excluindo a competência suplementar dos Estados.

Parece que esta norma constitucional está agregando notas demarcatórias aos conceitos dos dois tipos de normas. De um lado, existe a norma geral, e, de outro, a norma que admite que os Estados suplementem esta norma geral. Suplementar, na linguagem social, é completar, suprir. No caso, o significado de ampliar, que constitui uma das compreensões semânticas do termo *suplementar*, está desarmonizado neste contexto, uma vez que os princípios gerais, por sua carga semântica, efetivamente moldam uma compreensão de larga delimitação.

Assim, suplementar, entendido o termo na acepção de *acrescer*, implicaria competência do Estado de poder traçar normas mais gerais que a União, o que encerra contradição e não se harmoniza com uma interpretação sistemática. Entretanto, o termo *acrescer* pode ser entendido como a permissão de agregar elementos conotativos e agregar caracteres a um mesmo conceito abstrato, com vista a sua densificação. Assim, parece-nos que os Estados têm direito de preencher as linhas demarcadas pela norma geral que vier a ser posta pelo legislador complementar.

Aqui é importante reiterar que o limite máximo do sistema é a dicção normativa constitucional. Se cabe à lei complementar regular, sem qualquer dúvida seus limites estão na Constituição, sob pena de se admitir inversão da hierarquia. A norma complementar, ao se ocupar de conceitos constitucionais obscuros, pode traçar complementação desta norma. Vale dizer: provisoriamente pode agregar elementos caracterizadores que permitam melhor identificação do conteúdo de significação da linguagem constitucional. Como o sistema jurídico é constituído por uma linguagem específica - que tem unidade semântica -, cabe dizer que a lei complementar, neste caso, pode introduzir elementos conotativos, deduzidos do sistema, detalhando os núcleos de significação postos pela Carta, desde que se mantenha fiel ao conteúdo veiculado - por elementos e caracteres gerais - pelo texto constitucional. Esta linguagem, no máximo, pode incidir em maior especificação, dando mais clareza a uma mesma situação factual. Trata-se da redução do caráter abstrato de uma significação, sem, contudo, alterar o seu gênero ou espécie.

Por isto, v. g., para se examinar a questão relativa ao conceito do termo *renda*, o ponto de partida é o conteúdo material deste termo como fato jurídico-constitucional, não se admitindo qualquer poder de o legislador complementar estender seu conteúdo. Assim, não se podem afastar estas normas da hierarquia do texto constitucional, uma vez que a primeira preocupação do intérprete deve ser a de definir se o legislador - inclusive o complementar - não ultrapassou os limites de sua competência.

Por isso, a nosso ver, pode-se afirmar que a competência para traçar normas gerais, com toda a certeza, está limitada a um espaço dentro do qual o Congresso Nacional tem competência política para decidir o que é conveniente para o Estado Nacional legislar, em princípio, em largos traços. Somente nos limites deste espaço é que poderá ocorrer a suplementação pelos Municípios, pelos Estados e pela União, quando exercerem suas competências de cobrar impostos.

Aplicada essa conclusão ao conceito de renda, o máximo que se pode admitir é que o legislador complementar, com base no significado que o termo *renda* tem no contexto constitucional, especifique melhor o seu conteúdo material.

Destarte, a lei complementar não tem poder para alargar o conteúdo do termo *renda*. Este conteúdo deve ser identificado no âmbito constitucional, com base em um núcleo semântico traçado, moldurado, a partir do conteúdo real que o termo *renda* compreende.

Isso posto, já se têm elementos para formular uma conclusão preliminar, que será retomada nos capítulos seguintes: o núcleo de significação do termo *renda* deve ser extraído da Carta, que introduziu, no seu contexto, pelo art. 153, III, o significado que o termo *renda* tem na qualidade de evento econômico.[57]

Com base neste núcleo semântico, a Carta - como um todo orgânico - moldou o conceito de renda como fato jurídico-constitu-

---

[57] Inocêncio Mártires Coelho afirma: "Daí - a propósito daqueles usos lingüísticos -, as percucientes observações de Larenz (*Metodologia da Ciência do Direito*, 1989, p. 385-390) a nos alertar que (i) a interpretação de qualquer enunciado normativo há de iniciar-se pelo seu sentido literal, entendido como o significado de um texto ou de uma cadeia de palavras no uso lingüístico geral, e que (ii) onde for possível constatar usos lingüísticos especiais, valerá o significado emergente dessa linguagem técnica, porque a sua adoção no texto de determinada lei terá decorrido da necessidade de atingir objetivos que, eventualmente, poderiam não ser alcançados se utilizada a chamada linguagem vulgar.
Mesmo assim - como o direito é, e continua a ser, coisa que interessa a todos e, por isso não pode renunciar a um mínimo de compreensibilidade geral -, essa linguagem técnica há de se apoiar na linguagem comum, para que os destinatários das leis, tanto quanto possível, possam guiar-se por elas e delas receber instrução" (*Interpretação constitucional*, p. 56).

cional, que deve ser identificado pelo intérprete. Este termo constitui o conteúdo limitador de poder prescrito ao legislador infraconstitucional, o que inclui o complementar.

Conseqüentemente, a lei complementar não tem competência para estabelecer o que é renda. Poderá, se em alguns contextos se estabelecerem conflitos de competência, ou zonas intermediárias em que um contexto seja dúbio, intervir para traçar normas gerais, limitando os conteúdos de significação de alguns elementos que o formam.

4.5. Ficções e presunções constitucionais

O Direito tem como meio, para regular o convívio na sociedade, um instrumental indispensável nas presunções e ficções. Para regular, há que estabelecer norma que tenha caráter geral, aplicável a todos indistintamente, e por isso o legislador busca atingir as médias fáticas dos pressupostos que utiliza. Alfredo Augusto Becker afirma:

> "Deste modo a norma jurídica tem caráter de generalidade, e se pode com linguagem matemática dizer que representa uma 'quantidade média', um 'valor de aproximação'. Tudo isto aparece manifesto nas presunções da lei".[58]

No caso brasileiro, há que ter cuidado no buscar paradigmas, quanto à questão da presunção, no âmbito do direito em geral. A Constituição não admite presunções, no Direito Tributário, quando se trata de lei que estabelece limites constitucionais do poder de tributar renda. Da mesma forma, a identificação da base calculada, que constitui o pressuposto que desencadeia a incidência da norma-matriz tributária e que faz surgir a relação tributária, está restrita ao conteúdo das normas constitucionais. Por isso, o pressuposto de incidência da regra matriz tributária é matéria cuja moldura constitucional não pode ser presumida. Neste sentido é a lição de José Artur Lima Gonçalves, que, ao examinar a utilização de presunção, primeiro indaga sobre a possibilidade de se admitirem presunções quanto à formulação, em lei, da hipótese material de incidência do Imposto sobre a Renda, e logo em seguida responde:

> "Entendemos que a resposta deve ser dada com base no sistema positivo vigente, mesmo que isso implique a conclusão

---
[58] *Teoria geral do direito tributário*, p. 465.

de que as centenárias construções doutrinárias sobre o tema - e que foram tão úteis para o estudo do direito privado - tenham que ser, simplesmente, abandonadas. Por mais argutas e intelectualmente extraordinárias que sejam as lições de Pontes, Clóvis, e tantos outros, sobre os institutos da ficção e presunção, essas lições não servem de fundamento de validade para a recepção, pelo sistema constitucional brasileiro, de toda e qualquer norma jurídica que veicule ficção ou presunção".[59]

Quando se tributa o patrimônio, presume-se - exclusivamente -, no plano constitucional, que o contribuinte tem capacidade contributiva para pagar o imposto como mera decorrência da existência deste. Não se pode pesquisar se tal e qual contribuinte tem capacidade efetiva, traduzida em recursos disponíveis, para fazer o pagamento, uma vez que a Carta permite que o ente político, beneficiário da competência para instituir o imposto, o faça de forma genérica. Existente a propriedade imóvel - pressuposto da incidência -, há autorização para tributar. Neste contexto já se verifica que a própria Constituição pressupõe que quem tem um imóvel tem capacidade contributiva, visto que adotou o evento - ser proprietário de um imóvel - como signo presuntivo desta capacidade. Este tema, posto no âmbito genérico neste subtítulo, servirá de compreensão dos elementos que compõem a base calculada da renda, mas terá de ser retomado nas conclusões finais, quando se estudarão os limites de aplicação dos arts. 43 e 44 do CTN, oportunidade em que se promoverá um detalhamento prático aplicativo destes preceitos.

---
[59] *O imposto de renda*, p. 158.

5. Interpretação sistemática

5.1. Textos e contextos

Já se referiu que a interpretação jurídica deve ser feita partindo do contexto onde se articulam os significados dos conteúdos jurídicos contidos no ordenamento. Para que se possa concluir sobre o que venha a ser interpretação científico-sistemática, primeiro deve-se identificar o que é sistema, que nada mais é do que o contexto amplo que traduz os limites entre o jurídico e o não-jurídico. Neste mesmo sentido, Geraldo Ataliba assevera que:

> "O caráter orgânico das realidades componentes do mundo que nos cerca e o caráter lógico do pensamento humano conduzem o homem a abordar as realidades que pretende estudar, sob critérios unitários, de alta utilidade científica e conveniência pedagógica, em tentativa de reconhecimento coerente e harmônico da composição de diversos elementos de um todo unitário, integrado em uma realidade maior. A esta composição de elementos, sob perspectiva unitária, se denomina sistema".[60]

Já para Roque Carraza: "Sistema é a reunião ordenada de várias partes que formam um todo, de tal sorte que elas se sustentam mutuamente e os últimos explicam os primeiros".[61]

Quando se fala em sistema constitucional, faz-se, pois, referência à própria estrutura dos seus elementos, compostos de princípios e regras que interagem, contribuindo, cada um, na formação de um todo. Para tal propósito, cada texto deve ser isolado para análise, mas deve ser interpretado dentro de cada um dos contextos que

---
[60] *Sistema Constitucional Tributário Brasileiro*, p. 40.
[61] *Curso de direito constitucional*, p. 27.

encontra a sua aplicação, sem se desarmonizar com o ordenamento como uma totalidade da semântica.

Não se quer afirmar que não há tensão entre elementos normativos postos, mas que a Carta deve ser considerada como um todo, instituidora de uma unidade funcional e semântica. Daí tratar-se de um só ordenamento.

Segundo nosso entender, a grande maioria dos casos de aplicação da lei tributária brasileira se dá por via da aplicação de textos legais isolados. Isso, ao invés de manter o direito como um sistema, o transforma num mero aglomerado de normas.

No momento em que a Constituição se refere à renda, como já se mencionou, o mínimo que se introduz no sistema jurídico-constitucional, ao menos no primeiro momento, é o núcleo de significação semântica integral que o termo tem no contexto social. Este núcleo passa a ser reformulado pelo legislador constitucional, por via estipulativa, e ainda recebe influência de todo o sistema que se articula de forma coerente, formando uma unidade semântica que não admite contradições em seu seio.

Como ponto de partida do estudo da interpretação sistemática, invoca-se, novamente, a lição de Norberto Bobbio, quando ensina que:

"O que vem em primeiro plano não é a norma isolada, mas o ordenamento; dizer que norma jurídica é a emanada do poder soberano eqüivale a dizer que a norma jurídica é aquela que faz parte de um determinado ordenamento".[62]

Por exame superficial, verifica-se que a constituição, essencialmente quando autoriza os diversos entes políticos a instituírem tributação, não o faz por via de um só texto legal, fazendo-o, isto sim, pelo ordenamento como um todo. Este todo se articula em forma de norma no momento em que é formada cada decisão aplicativa das normas gerais e abstratas.

Em termos normativos, os critérios de adequação do ordenamento jurídico como um todo são formados por normas gerais e abstratas, que atendem ao postulado da hierarquia, e assim formam uma unidade semântica. Por isso o sistema que compõe o ordenamento deve ser interpretado de forma tal que não se instalem contradições entre normas. Mas esta unidade semântica se instala tão-somente no momento da aplicação das normas gerais e abstratas ao caso individuais já situadas dentro de um subcontexto. Para

---

[62] *Teoria do ordenamento jurídico*, p. 26.

dar ênfase a esta forma de interpretar, construímos, como um pano de fundo de todo o trabalho, um modelo empírico de interpretação sistemática, em que o intérprete nada mais é do que mediador entre a norma geral e abstrata e a norma individual e concreta.

Interpretar não implica aglutinar o significado que se extrai de cada preceito legal isolado, mas é articular, racionalmente, num só momento, os diversos conteúdos de significados - às vezes parciais, outras totais - contidos em diversos textos, formados por princípios e regras extraídos dos artigos, parágrafos, incisos de leis, decretos, portarias, contratos, etc.

Esta articulação das normas gerais para sua aplicação aglutinada a cada caso concreto é tarefa do intérprete, que, ao construir o direito aplicável, faz a mediação entre o sistema e o caso individual.[63]

Esta mediação interpretativa é promovida pela combinação e/ou associação dos conteúdos de significação em contextos específicos. Atendendo-se à hierarquia, constituída por planos jurídicos, constrói-se uma significação única, que será posta em forma de decisão que atenda a todos os princípios, postulados e critérios jurídicos orientadores da aplicação do direito ao caso concreto.

Já se referiu, o direito é formado por linguagem, que deve ser interpretada de forma que, por seus signos, se possam, por via da percepção mental, transmitir conteúdos. Os conteúdos se formam em dois níveis sucessíveis:

a) ao nível da frase, pela combinação de seus termos, que se denomina sintática;

b) ao nível do conteúdo extraído de contextos, que se formam por via da concatenação de conteúdos parciais, que levam em conta inúmeras prescrições legais que influem na identificação de uma norma, o que se denomina semântica.

---

[63] Como diz Karl Larenz (*Methodenlehre der Rechtswissenschaft*, p. 204): "o problema fundamental para quem aplica a norma não é a distância temporal, mas a distância entre a necessária generalidade da norma e a singularidade de cada caso concreto. Superá-la, ou melhor, mediá-la, é a tarefa da concretização da norma, que GADAMER qualifica com razão como um 'contributo produtivo da complementação do Direito'. A mediação entre o universal e o particular era, na tradição filosófica aristotélica, assegurada pela *phronesis*; segundo a Hermenêutica de GADAMER, a 'assimilação' entre pauta geral e situação particular consubstancia numa *applicatio*: daí a equiparação por GADAMER da hermenêutica à filosofia prática aristotélica e ao seu modo da *phronesis* (cf. supra 2.5) e daí também 'o significado exemplar' da hermenêutica jurídica, na tese de GADAMER."

Neste ponto, cabe referir que, entre outras espécies de interpretação, há uma que estuda os significados dentro de contextos em que se utiliza o termo denominado de definição contextual, para realçar que o significado final que se pode atribuir a um simples termo depende do contexto em que é utilizado.

A nosso ver, esta forma de identificar os conteúdos contidos nos termos deve estar sempre presente, uma vez que, ao se mudar o contexto em que um termo é empregado, se muda também seu significado.

Dois exemplos práticos ilustram bem esta afirmativa. Mencionando-se isoladamente os termos *lucro* e *renda tributável*, a palavra *lucro* imediatamente faz aflorar, na mente do que capta o termo, a existência de um valor patrimonial, positivo, que foi apurado segundo a contabilidade regulada pela Lei Comercial; ao ouvir a expressão *renda tributável*, forma-se na mente de quem capta a significação correspondente um valor que serve de base impositiva de um imposto, também de natureza patrimonial, apurado pela metodologia contábil, mas que se formou, num primeiro momento, no âmbito do texto constitucional, e é regulada por uma lei específica. Em outros termos, o lucro se formou num contexto regido pela Lei Comercial; a renda tributável se formou no contexto da Constituição.

Neste sentido, afirma o professor Paulo de Barros Carvalho:

"*Stricto sensu* texto se restringe ao plano dos enunciados enquanto suportes de significações, de caráter eminentemente físico, expresso na seqüência material do eixo sintagmático. Mas não há texto sem contexto, pois a compreensão da mensagem pressupõe necessariamente uma série de associações que poderíamos referir como lingüísticas e extralingüísticas".[64]

Com estes argumentos já se pode fazer uma afirmação incisiva: para veicular conteúdos de significação, os elementos de linguagem devem ser considerados em determinado contexto. Sem que se considerem as associações lingüísticas e extraligüísticas que o texto evoca dentro de determinado contexto, não se conseguirá compreender a mensagem contida no texto.

Não é diferente a lição de Hans-Georg Gadamer:

"A essência do signo é que tem seu ser na função do seu emprego, e isto de tal modo que sua aptidão consiste unicamente em ser um indicador. Por isso nessa função, tem de se

---

[64] *Direito tributário. Fundamentos jurídicos da incidência*, p. 16.

destacar do contexto em que se encontra e em que terá de ser tomado como signo, e justo com isso suspender o ser - coisa e embutir-se (desaparecer) no seu significado: é a abstração do próprio indicar".[65]

Pode-se concluir que somente por via da formação de contextos, e às vezes subcontextos, é viável reunir sistematicamente o conteúdo e delimitar espaços dentro dos quais ocorrerá a sintaxe jurídica, ou seja, a combinação ou associação de conteúdos, que, mentalmente, o intérprete extrai da leitura dos textos legais, quando faz a interpretação, com vista à construção da norma de concretização do direito ao caso individual.

Comentando esta questão, quer-se surpreender a formação dos núcleos semânticos descrevendo a dinâmica do encontro dos juízos, extraídos dos textos legais, que, num primeiro momento, atuam uns sobre os outros, na mente do intérprete, por via de associação.

A associação de conteúdos se dá também em dois planos distintos:

a) o da sintaxe, que combina os conteúdos de linguagem contidos nas frases para obter os juízos;

b) a formação da imagem lingüística, pela combinação de conteúdos isolados na interpretação de cada frase, que, ao ser introduzida no contexto, passa a formar uma parcela de significação, que, associada a outros conteúdos, comporá, assim, os caracteres e os elementos, instalando uma linha de sentido, denominada plano semântico.

O trabalho do intérprete do direito se dá, como se viu, em cada um destes planos: a) na localização de parcelas de conteúdos em frases - textos legais -; b) para reuni-los num todo formando uma seqüência lógica de implicação em que de um antecedente - materialmente ocorrido - se deduz uma conseqüência.[66]

Segundo Alfredo Augusto Becker, sem a formação desta unidade sintática total, em que se encadeiam, numa seqüência temporal inarredável, os elementos que constituem a norma jurídica, não se forma qualquer conteúdo semântico.[67]

---

[65] Hans-Georg Gadamer, *Verdade e método*, p. 600.
[66] Paulo de Barros Carvalho afirma: "De fato, o discurso produzido pelo legislador (em sentido amplo) é, todo ele, redutível a regras jurídicas, cuja composição sintática é absolutamente constante: um juízo condicional, em que se associa uma conseqüência à realização de um acontecimento fáctico previsto no antecedente" (*Direito Tributário. Fundamentos Jurídicos da incidência*, p. 18).
[67] Neste sentido a lição de Alfredo Augusto Becker é esclarecedora quando afirma: "Recorde-se: não existe uma regra jurídica para a hipótese de incidência,

Na solução dos casos concretos postos a deslinde do intérprete, primeiro se deverá identificar esta unidade sintática - que nada mais é do que identificar o contexto -, e somente então se poderá afirmar a norma de concretização do direito nos casos individuais. Com isto se reafirma que a vinculação dos elementos sintático e semântico é uma constante no labor hermenêutico.

Este labor se torna complexo quando, na moldura do significado final de uma decisão, se incluem, além da proporcionalização de valores postos nos mais diversos princípios, as regras que definem legalmente critérios específicos.

Para alcançar estes objetivos determinados pelas normas, como se viu, servem os postulados, que, como mecanismos que conduzem e especificam conteúdos, constituem as verdadeiras trilhas mentais, exclusivas e obrigatoriamente seguidas pela linha de raciocínio do intérprete no ato de conhecimento.

Em face do que se disse, a proposição que define a aplicação do direito ao caso concreto se faz pela construção da norma que o intérprete promove, pela interpretação dos princípios e regras, decorrente da combinação das marcas semânticas compostas, em cada contexto de interpretação, pelas diversas proposições legislativas.

Estas proposições, que refletem os juízos retirados dos dispositivos legais, são combinadas segundo axiomas, postulados e critérios que culminem no atendimento dos fins prescritos pelos princípios.

Da combinação dos princípios, que prescrevem os fins perseguidos pelo direito, com suas regras é que, na verdade, resulta uma verdadeira gramática de associação de conteúdos prescritivos.

Tendo em vista a grande importância da formação dos contextos, pouco estudados pela doutrina nacional, buscou-se enfocar, num subtítulo, a interpretação no seu aspecto empírico. Para tal efeito, desde o início desta primeira parte, formulou-se - em caráter de formação preliminar de idéias - elementos que servirão para demonstrar gradativamente a existência de uma espécie de gramática semântica, que estabelece mecanismos de formação das significações no âmbito da interpretação sistemática, por via da qual se aplicam os critérios que devem ser observados na interpretação jurídica.

---

outra para a regra, outra para a base de cálculo, outra para a alíquota, etc. Tudo isto integra a estrutura lógica de uma única regra jurídica resultante de diversas leis ou artigos de leis (fórmula literal legislativa). É preciso não confundir regra jurídica com lei; a regra jurídica é uma resultante da totalidade do sistema jurídico formado pelas leis" (*Teoria geral do direito tributário*, p. 270).

5.2. A interpretação como construção de sentido

Uma das lições mais profundas que Alfredo Augusto Becker nos legou, quanto aos fundamentos da interpretação do direito, pode ser resumida no seguinte texto:

"Isto é, a lei, considerada em si mesma, como ente isolado, não existe como regra jurídica. A regra jurídica contida na lei (fórmula legislativa) é a resultante de um complexo de ações e reações do sistema jurídico onde foi promulgada. A lei nova age sobre as demais regras jurídicas da totalidade do sistema, estas, por sua vez, reagem; a resultante é a verdadeira regra jurídica contida na lei (fórmula legislativa) que provocou o impacto inicial".[68]

O direito positivo constrói o seu plano de linguagem a partir da linguagem social, produzindo, pelo ato do pensamento, um contexto próprio, no qual uma palavra freqüentemente passa a ter significado diferente, quando passa a servir de veículo expressional de determinada facticidade jurídica. Deste plano, em que a norma está posta em linhas estruturais originárias, básicas (num contexto abstrato), é que o intérprete deve extrair os elementos para construir a norma que irá aplicar.

O jurista, para cumprir seu labor, deve, pois, dominar a arte de interpretação, estudando a articulação da linguagem na formação de significados. Sem dominar a sintática da frase, nem sequer consegue identificar seu conteúdo isolado. Mas a interpretação não pára quando se constatou um sentido na frase. Neste ponto ela somente inicia; vale, pois estabelecer a práxis aplicativa, contida no sistema, que conduz o pensamento - retirado das parcelas semânticas, articuladas no plano jurídico - até a formulação da norma individual e concreta. Esta linha de raciocínio decorre, resulta, de um contexto de ações e reações do sistema jurídico. Assim já se transfere o ato da interpretação do âmbito das frases para o contexto formado pelos conteúdos contidos em diversas frases, que formam o ordenamento dentro do qual ocorrerá a ação e reação de sentido de todo o complexo normativo.

O intérprete deverá, então, isolar os mecanismos normativos condutores do pensamento, para formular a associação e a combinação de inúmeros conteúdos - extraídos da frases postas nos textos legais. Trata-se de uma sintaxe dos conteúdos, parcelas de caracte-

---
[68] *Teoria geral do direito tributário*, p. 132.

res semânticos, que são trazidos (em parcelas) - como fragmentos de sentido - a um determinado sistema de referência, onde se forma um só "contexto bruto", que deverá ser analisado com vista à construção do sentido.

Neste contexto é que o intérprete deverá formar - num momento processual[69] - as associações das diversas idéias - a síntese semântica dos pontos de apoio que participam do contexto formado para construir um sentido total segundo as regras jurídicas. Num lado estará compreendida a totalidade dos elementos que se combinam a partir de uma relação semântica formada por via de combinações lógicas de significados parciais. De outro lado se alinharão as parcelas do conteúdos semânticos excluídos do âmbito do contexto que não se alinham com o sentido conduzido pelos preceitos e princípios que se estabelecem pelos critérios de combinação. Afastados da combinação, por implicáveis ou incompatíveis com a totalidade semântica, formam uma linha de conteúdos que o intérprete deve manter afastada da combinação lógica semântica que atuará na proposição que está construindo. Os que não foram incluídos na combinação são dela, simplesmente, excluídos. Mas, para promover esta inclusão (e esta exclusão), o intérprete não tem arbítrio; ao contrário, está submetido a regras e critérios que decorrem, v. g., das finalidades contidas nos princípios, que indicam os fins que devem ser alcançados pelas *ações e reações do sistema*. Pode-se afirmar, pois, que as linhas condutoras do pensamento estão postas nos princípios e regras, que, combinados, indicam os critérios jurídicos entre os quais se destacam os da especialidade, o cronológico e o da hierarquia.

O ato de interpretação tem, também, natureza sintática, que não se dá mais pela combinação de palavras isoladas na frase, mas de fragmentos de conteúdos semânticos lógicos, veiculados pelas diversas prescrições legais postas no sistema jurídico. Conclui-se, pois, neste ponto, ainda de certa forma aprioristicamente, que o próprio sistema jurídico contém estas normas de arrumação da

---

[69] Gadamer afirma: "Na medida em que se trata de um pensar até o final, é forçoso reconhecer também nele um momento processual: comporta-se *per modo engredientes*. Claro que não é manifestação, mas pensar; porém o que se alcança nesse dizer-se-a-sí-mesmo e a perfeição do pensar reproduz ao mesmo tempo a finitude de nossa compreensão discursiva. Como a nossa compreensão não está em condições para abarcar num só golpe do pensar tudo o que sabe, não tem outro remédio que trazer para fora, a partir de sí mesma, em cada caso, o que pensa, pondo-o diante de sí, numa espécie de própria declaração interna. Neste sentido, todo pensar é um dizer-se" (Verdade e Método, p. 614).

combinação de conteúdos. Em outros termos, o sistema jurídico contém regras de combinações sintáticas dos seus conteúdos semânticos, que o intérprete deve identificar para construir o direito. Partindo desta concepção, pretende-se estudar dois pontos essenciais:

a) o que vem a ser um contexto em que se dá a interseção da *sintática dos elementos contidos nas frases* extraídos de diversos textos;

b) como esta dinâmica relacional do *complexo de ações e reações* dos conteúdos ocorre na via empírica, nestes contextos.

O objetivo é descrever - em traços amplos - como efetivamente se formam os conteúdos - as significações - na mente do intérprete a partir dos contextos jurídicos, de onde se retiram os elementos para construção da norma a ser aplicada.

Justifica-se, assim, o estudo posto no próximo subtítulo, que, na verdade, se situa no âmbito da teoria geral da linguagem, mas, em face da sua influência aguda no âmbito da interpretação do direito, é promovido perfunctoriamente como segue.

5.3. Planos de linguagem

Noam Chomsky é um dos estudiosos que se preocupou com a formulação de princípios que permitem o estudo da interpretação semântica dos conteúdos.

Em seu estudo *La Nature Formelle du Langage*,[70] afirma que: "Se a fonética universal é matéria de estudo bastante desenvolvida, não poderia dizer-se o mesmo da semântica universal".[71] Com esta afirmação queria deixar marcado que no âmbito da teoria da linguagem a questão relativa à interpretação semântica carece de uma teoria geral que lhe possa dar fundamento científico. Em nosso entender, esta regras de combinação semântica a que se refere Chomsky estão contidas na linguagem jurídica.

Contudo, tendo em vista que a cada intérprete, quando formula o sentido dos conteúdos que capta, pela comunicação obtida nos textos - escritos ou ouvidos, - aplica a sua própria gramática (gerativa), quer-se aprofundar o estudo de forma prática. Para tal efeito, entendemos ser válido utilizar as linhas básicas de interpretação contidas na obra de Joseph Nivette, que fundamentalmente discute a teoria da gramática gerativa, segundo a visão de Chomsky, em contraponto com os demais estudos sobre questões semânticas.

---

[70] *Apud* Joseph Nivette, *Princípios da gramática gerativa*, p. 135-136.
[71] Id. Ibid. p. 75.

Noam Chomsky funda-se na concepção de que a língua possui níveis sobrepostos, que estão concatenados entre si, formando estruturas a partir de três princípios - na verdade postulados - assim descritos por Joseph Nivette:

"Os três princípios de base da teoria lingüística de Chomsky são: a diferença entre a competência e o desempenho, a diferença entre estrutura profunda e estrutura superficial, e o caráter dinâmico da gramática".[72]

O primeiro princípio - a diferença entre competência e desempenho - autoriza-nos a afirmar um critério útil ao presente discurso, qual seja: o conhecimento que os falantes e ouvintes têm de uma língua permite expressar, com palavras e regras de combinações finitas, significações infinitas.

Quanto ao segundo princípio, verifica-se que, no estudo de Noam Chomsky, sempre segundo Joseph Nivette, a estrutura profunda comparece como sendo o primeiro elemento que se considera na produção de uma frase, que é formada supondo uma situação específica, já conhecida, já existente - logo pressuposta -, em relação à qual esta frase é posta em linguagem. O professor Paulo de Barros Carvalho refere-se a este tema diferenciando o texto da norma do contexto em que os conteúdos das proposições prescritivas atuam entre si semanticamente num conjunto, sob três ângulos distintos de análise, a saber: a) um substrato material de natureza física; b) uma dimensão ideal de representação que se forma na mente dos falantes (plano de significação); c) os planos dos significados (objetos referidos pelos signos).[73]

---

[72] Id. Ibid. p. 77.

[73] "Tendo o signo o *status* lógico de uma relação que se estabelece entre o suporte físico, a significação e o significado, para utilizar a terminologia de E. Husserl, pode-se dizer-se que toda linguagem, como conjunto sígnico que é, também oferece esses três ângulos de análise, isto é, compõe-se de um substrato material, de natureza física, que lhe sirva de suporte, uma dimensão ideal na representação que se forma na mente dos falantes (plano da significação) e o campo dos significados, vale dizer, dos objetos referidos pelos signos e com os quais mantêm eles relação semântica. Nessa conformação, o texto ocupa o tópico de suporte físico, base material para produzir-se a representação mental na consciência do homem (significação) e, também, termo da relação semântica com os objetos significados. O texto é o ponto de partida para a formação das significações e, ao mesmo tempo, para referência aos entes significados, perfazendo aquela estrutura triádica ou trilateral que é própria das unidades sígnicas. Nele, texto, as manifestações subjetivas ganham objetividade, tornando-se intersubjetivas. Em qualquer sistema de signos, o esforço de decodificação tomará por base o texto, e o desenvolvimento hermenêutico fixará nessa instância material todo o apoio de suas construções" (*Direito tributário. Fundamentos jurídicos da incidência*, p. 15).

Com isto, pode-se afirmar que cada frase já encontra posta, ou melhor, pressupõe uma situação semântica mínima conhecida pelo transmitente da linguagem, em relação à qual é emitida nova manifestação. Logo, cada frase que contém parcela de conteúdo novo é posta com uma intensão de significar algo novo ou diferente do que está posto entre os falantes, agregrando conteúdos aos já existentes. Transformando está realidade para o âmbito do sistema jurídico, pode-se afirmar que cada proposição normativa, nova - posta em lei, regulamento ou ato administrativo, etc. - já encontra, no contexto em que será aplicada, uma pré-formulação do sentido

Com estas constatações, já se pode verificar que efetivamente, segundo estes dois autores, há três diferentes planos: a) o da frase em si; b) o significado posto na frase relacionando a um contexto específico; e c) o significado total de determinado contexto formada por uma ou mais frases, que o intérprete terá de extrair do plano do conteúdo lógico formado pelo ordenamento.

Chomsky localiza as regras de sintaxe dos conteúdos no plano profundo e refere-se à concatenação destes dois primeiros planos afirmando:

"Como a estrutura profunda difere da estrutura superficial, há uma relação entre as duas, que podemos considerar como um processo que transforma uma em outra. Se a gramática pretender proporcionar uma explicação semântica das frases, ela deve poder reduzir a estrutura superficial à estrutura profunda. Resulta que toda a gramática que pretende poder explicar semanticamente as frases de uma língua deverá conter um componente transformacional".[74]

Sem qualquer dúvida o componente transformacional a que se refere Chomsky - transposto para o plano jurídico - nada mais é do que a ação e reação da totalidade das prescrições jurídicas, uma sobre as outras, a que se refere Becker. Assim as normas jurídicas aplicadas aos casos individuais resultam de uma multiplicidade de regras sintáticas que se aglutinam num determinado contexto e que devem ser aplicadas ao mesmo tempo; vale dizer que são regras sintáticas que, para se obter um resultado semântico único, não podem ser utilizados sem que se adotem critérios específicos de combinação.

Resulta disto que toda hermenêutica que pretender explicar semanticamente os textos legais - que nada mais são do que frases

---
[74] *Apud*, Joseph Nivette. Princípios de gramática gerativa, p. 83.

soltas que carregam parcelas de conteúdo semântico submetidas a *um complexo de ações e reações* - deve identificar mecanismos mentais que, tecnicamente aplicados, promovam esta transformação dos textos legais isolados em norma específica aplicável.

Como ponto de partida deste labor, já se fixa um critério: o aplicador deve levar em conta essencialmente o que já está no contexto - compreendido pelo ordenamento - em relação ao qual a lei foi ditada. Ao construir a significação devem-se estudar as regras de combinação e associação dos conteúdos prescritivos postos nos princípios e critérios contidos nos preceitos legais de acordo com as regras de inclusão de conteúdos (de elementos) que se inserem no âmbito da combinação jurídica. Neste labor tem relevância a competência (poder de traçar normas), a hierarquia normativa, os fins postos no sistema por via dos princípios, os critérios jurídicos expressos, implícitos no sistema e as regras de solução de antinomios etc. Por este argumento, já se vê que o que na hermenêutica tradicional muitas vezes se denomina de interpretação nada mais é do que a identificação primária da proposição que se afirma literalmente no texto legal, sem que se tenha feito a vinculação do seu conteúdo ao sistema jurídico total. Vale dizer: retira do texto da lei um significado parcial, sem contrapô-lo ao sistema jurídico no qual tem seus fundamentos e os seus limites de significação. Nada mais do que a atribuição de um significado a um texto isolado, desvinculado da sua base profunda.

As unidades que carregam parcelas de conteúdo de significação para o plano em que se promove a sintaxe de conteúdos jurídicos - o encontro dos conteúdos de significação implícita ou explicitamente formulados nas proposições - são as frases que compõem os textos legais, contidas em todo o ordenamento jurídico.

Esta separação em planos configura, pois, um verdadeiro postulado, que permite explicar os momentos que se sucedem no ato da interpretação. Com esta formulação se têm mais condições de conhecer, na prática, como ocorre - ou ao menos deveria ocorrer - qualquer ato de interpretação. O plano profundo nada mais é do que um contexto abstrato - porque composto só de idéias - em que se formula dinamicamente o pensamento no qual os conteúdos, que servem de fundamento à decisão, estão inseridos. Com isto se constata que o contexto, ou o plano profundo, é composto de todos os conteúdos - semânticos - que atuam uns sobre os outros no ato de aplicação do direito. Esta atuação é que promove a dialética dos conteúdos; é pela sintaxe - combinação ou associação lógica de conteúdos com observância das regras (de combinação) prescritas pelo direito - que se estabelecerá a norma que, além de ter um conteúdo lógico individual, terá de estar em harmonia com todo o ordenamento jurídico.

Daí a importância que se deve dar à lição de Noam Chomsky, que, segundo Joseph Nivette, afirma: "(...) há uma diferença fundamental entre a significação de uma frase (que não é sempre revelada pela expressão real tomada como tal) e a sua estrutura fonética ou cadeia sonora. A significação está oculta na estrutura profunda, enquanto a cadeia sonora é produzida pela estrutura superficial".[75]

Assim, uma frase, referida ao contexto em relação ao qual foi proferida, tem seu significado estabelecido com base neste contexto. Sem a sua inserção no contexto, em relação ao qual foi dita, nada significa.

Este contexto também constitui um limite, um cadinho, que molda, com seus elementos constitutivos, o significado total a partir de cada umas das frase que contribuíram para a sua formação. Assim, é de grande valia ter em conta o terceiro princípio da gramática gerativa, que parte do pressuposto de que a gramática constitui: "Um sistema de regras que unem os sinais fonéticos à sua interpretação semântica. Os sinais fonéticos são os elementos fonéticos que, pela sua sucessão, representam uma frase em uma determinada língua, a interpretação semântica é a significação que se atribui a esta frase".[76]

Por esta metodologia interpretativa o conteúdo de linguagem jurídica se estabelece, não pelo componente sintático primário que se quer interpretar, mas pela articulação de todo o significado que se extrai do ordenamento e que, no direito, formará a norma jurídica aplicável ao caso concreto.

Constata-se, pois, que no plano da sintática de conteúdo jurídico se arma um quadro específico - dentro do qual se manifestam as tensões dos significados -, onde um conteúdo semântico atua sobre o outro. A interpretação brota exatamente do que se constata ao se combinarem - associarem - significados contidos no sistema, postos, por via da concatenação lógica, uns em relação aos outros.

Neste mesmo sentido leciona Inocêncio Mártires Coelho: "pode-se dizer, citando Gomes Canotilho, que, atualmente, a interpretação das normas jurídicas é um conjunto de métodos, desenvolvidos pela doutrina e pela jurisprudência com base em critérios ou

---
[75] Joseph Nivette, *Princípios de gramática gerativa*, p. 83.
[76] *Apud* Joseph Nivette, *Princípios da gramática gerativa*, p. 56.

premissas (filosóficas, metodológicas, epistemológicas) diferentes mas, em geral, reciprocamente complementares".[77]

Cabe, pelos argumentos expostos, considerar que a linguagem jurídica não pode ser comparada com a linguagem social quando se trata de interpretação. A primeira traz complexidades incomparáveis em relação à segunda, uma vez que o macrocontexto em que se articula o direito é composto por todo o ordenamento, que contém suas próprias regras de interpretação. A sintaxe dos conteúdos obrigatoriamente, segundo Inocêncio Mártires Coelho, deve ser feita segundo as regras postas no próprio sistema jurídico.[78]

Sem qualquer dúvida, há identidades entre todas as interpretações porque a interpretação é da linguagem e está associada à capacidade que o ser humano tem de apreender - captar as mensagens - e formular idéias, o que é comum nas duas interpretações. Mas na linguagem social se capta a significação pelo uso de uma lógica quase natural de assimilação de idéias. Este fato se repete de certa forma na interpretação jurídica. Todavia, como já se mencionou, o ordenamento jurídico - que tem natureza prescritiva de condutas - contém sua própria gramática de combinação dos conteúdos normativos, que determinam como devem ser considerados determinados fatores e finalidades e orientam o modo e a forma de interpretar.[79] Neste ponto é essencial rememorar que nos princípios estão resumidos os fins teleológicos contidos no sistema jurídico. Existem regras que estabelecem finalidades e prescrições concretas a serem concretizadas e que dependem da consideração de critérios de combinação semântica específicos que devem ser aplicadas no momento em que se constrói a norma jurídica para cada caso de aplicação.

---

[77] *Interpretação constitucional*, p. 61.

[78] "Por isto, sem discrepância, os estudiosos ressaltam a necessidade da utilização de critérios objetivos e controláveis em todo o itinerário hermenêutico, onde *a regra de interpretação* mais não assinalam do que determinados passos ou estádios do processo do pensamento, cuja observância é necessária para que se possa comprovar a racionalidade do seu desenvolvimento" (*Interpretação constitucional*, p. 48).

[79] Juarez Freitas leciona no mesmo sentido afirmando: "Dito de outro modo, verdadeiramente a interpretação sistemática, quando compreendida em profundidade, é a que se realiza em consonância com a rede hierarquizada, máxime na Constituição, tecida por princípios, normas e valores considerados dinamicamente e em conjunto. Assim, ao se aplicar uma norma, está-se aplicando ao sistema inteiro, razão pela qual desassiste razão àqueles que tentam fazer concentrar, por exemplo, direitos fundamentais apenas num dado ponto normativo do sistema, uma vez que se encontram no sistema como um todo (*A Interpretação Sistemática*, p. 61).

Com isto quer-se afirmar expressamente que as regras da sintaxe de conteúdos, na aplicação do direito, são integradas, primeiro, pela teoria das normas que correspondem ao plano em que se faz a interpretação, formada a partir da incidência dos seus próprios princípios e regras jurídicos, que direcionam (conduzem) a combinação dos conteúdos dos quais o aplicador da lei aos casos individuais e concretos não se pode afastar.

Cada contexto que se forma diante do intérprete deverá atender aos princípios que ditam os critérios de aplicação que regem a sintaxe. Exemplificativamente, o direito contratual, o direito penal, o direito tributário etc. constituem teorias normativas, específicas, fundamentadas em um núcleo de princípios próprios que influem no surgimento da relação jurídica. Pensa-se na diferença entre um dano causado no âmbito privado de outro decorrente de ato praticado por agente da administração pública. O primeiro, na maioria das vezes, é definido pela responsabilidade subjetiva, prevista no direito privado o outro pela objetiva, prescrita pelo direito administrativo. A regra de combinação, em cada caso, é conduzida por princípios específicos, e às vezes especiais, que em parte são iguais e em outros diferentes, e que implicam definições diferentes.

Com esta conclusão quer-se relembrar o que se afirmou sobre a ponderação do princípios e se realça a importância do conhecimento dos diversos tipos existentes, com vista a se poder, no momento de se construir a norma, aplicá-los nos casos, promovendo a combinação dos inúmeros conteúdos contidos nos contextos em que se opera.

Além disto, na aplicação das regras, inclusive as que emergem dos princípios após ponderados, é que se verificará a utilidade da construção dos postulados, porque é deles que se deduz uma estrutura conceitual - logo semântica - que formulará uma espécie de metodologia básica e primária necessária a que se concretizem, nas decisões individuais, os fins a que se destina o direito.

5.4. Regras de estruturação semântica do direito

Continuando esta discussão, também se pretende mostrar que há critérios que devem ser atendidos porque moldam a compreensão semântica do que está referido pela linguagem jurídica posta nos textos. Estes critérios, deduzidos dos princípios e das regras, efetivamente constituem marcos específicos, que conduzem as parcelas de conteúdo semântico na construção da decisão a ser dada ao caso concreto.

Pensa-se num caso em que, no plano semântico, ao invés de dois princípios se contraporem, há duas regras jurídicas em antinomia. Para solucionar esta questão, a teoria geral do direito apresenta ao intérprete três critérios:

a) critérios da hierarquia;
b) critério da especialidade;
c) o critério cronológico.

Estes critérios é que orientam qual o conteúdo semântico posto em determinadas frases - preceitos legais - deve ser adotado como válido. Nesta condição, a aplicação de um destes critérios constituirá em verdadeiro operador de sentido semântico do conteúdo, que deverá ser utilizado para identificar a norma jurídica a ser construída.

A partir deste macrocontexto é que ocorre a sintaxe dos significados: combinação dos conteúdos contidos nas normas aplicáveis por via da articulação simultânea dos princípios e todas as modulações lógicas de significados inseridas no sistema jurídico aplicáveis a cada caso.[80]

Logo, a captação do conteúdo de significação contido nos contextos passa a ser orientado pelos mecanismos que devem conduzir o pensamento no ato de interpretação. Aqui é que o intérprete, a partir dos pressupostos lógicos do sistema jurídico, insere o objeto da sua interpretação, primeiro no âmbito da teoria geral do direito, para somente então passar para o ordenamento propriamente dito. Em seguida, a partir da teoria geral da Constituição, identifica a teoria específica ao caso que deve interpretar e então, a partir deste ponto, passa a considerar os princípios - por via de ponderações -, e finalmente, tem formado o contexto dentro do qual constrói as condições necessárias a que determinados fins e critérios sejam observados pela norma aplicável ao caso concreto. Nesta combinação de conteúdos, os princípios passam a estruturar os limites amplos do sentido que deve ser observado pelo intérprete

---

[80] Inocêncio Mártires Coelho escreve: "A propósito, a melhor maneira que encontramos para retratar essa realidade é lembrar - na verdade, reelembrar - que as expressões 'considerando' e 'combinando', de que nos utilizamos no discurso da aplicação do direito, o que em verdade traduzem são atividades intelectuais *constitutivas* dessa aplicação, até porque, obviamente, os dispositivos 'considerados' ou 'combinados', sob esse ponto de vista, estão como que espalhados no sistema de que fazem parte e só passam a se vincular na construção exegética" (*Interpretação constitucional*, p. 22).

na construção da norma aplicável ao caso concreto. Consagra-se, assim, a hierarquia dos fins sobre a norma aplicada. Para alcançar estas condições é que muita vez surgem os postulados normativos que devem ser observados como pressupostos condicionantes de realização de determinados fins prescritos pelas regras constitucionais.

A propósito de estabelecer uma situação empírica elucidativa de como se formam contextos, refere-se que na relação jurídica tributária, nitidamente se identificam dois sujeitos, cujos direitos se instalam de forma antinômica no plano profundo da linguagem jurídica:

a) de um lado, o poder imperativo do Estado de cobrar tributos, mantido sob controle constitucional, formado por um contexto amplo;

b) de outro lado, o contribuinte, protegido pelas regras constitucionais, igualmente formadas num contexto isolado.

Na formação da relação jurídica, estes dois pólos - formados em planos diferentes - desenham o embate, ação e reação - num só núcleo de linguagem -, que, além de ter conteúdos antagônicos, têm, também, conteúdos que se associam para formar a obrigação jurídica. Transpõe-se para este núcleo semântico o *status* jurídico específico de cada qual destes partícipes da relação. Instala-se, então, de um lado, o poder de exigir o tributo nos termos e limites constitucionais, e, de outro, o dever de pagar, observados os direitos e garantais do contribuinte. Entretanto, o *status* de pessoa, com seus direitos e garantias emanados dos inúmeros princípios constitucionais, estão presentes neste contexto e devem ser preservados pela norma jurídica.

Na construção da norma jurídica aplicável, cabe então ao intérprete identificar o significado deste contexto, preservando as estruturas de significação de cada um destes *status*, vinculadas pela relação jurídica, consubstanciada pela regra que concretiza.

No desenho das linhas largas deste contexto, infiltram-se, entre outros, na cena em que ocorre a interpretação: a) a teoria geral do direito; b) num contexto mais específico, a teoria da relação jurídica; c) a teoria da formação da personalidade, sujeitos - ativos e passivos; d) princípios jurídicos de toda ordem. Neste momento é que são essenciais os pré-conhecimentos, que todo profissional de direito deve ter, da teoria jurídica, que determinará a composição das situações de pré-compreensão que direcionam o pensamento do intérprete.

Com esses dados, consegue-se iluminar com um pouco mais de intensidade o que vem a ser sistema de referibilidade, quando se interpreta qualquer texto normativo e se possibilita um desenho, aproximado, de um cenário em que o pensamento segue como um círculo, que mostra o que, na prática, constitui a interpretação sistemática.[81]

Por esta via fica realçada a necessidade de, antes de se iniciar o exame da significação de qualquer texto legal, considerar a camada de linguagem jurídica já existente no ordenamento que condiciona e limita sua aplicabilidade, esta camada forma o contexto no qual estão presentes todos os valores introduzidos pelos princípios e regras constitucionais implícitos e explícitos, que determinarão o sentido semântico a ser refletido pelo intérprete.[82]

Sem levar em conta esse contexto, que envolve o direito como um todo já existente, far-se-á uma interpretação com base num fragmento de linguagem, ao invés de se adotar o ordenamento por inteiro, como referência, com vista à identificação da solução.

Com estes argumentos, no plano jurídico, já se demonstra a procedência da afirmativa tantas vezes feita de que quem interpreta a lei interpreta todo o sistema. Cabe ponderar que esta afirmativa, nas vezes em que é relembrada por alguns autores, é feita como se constituísse situação de certa forma inusitada. Entretanto, esta postura constitui um postulado da interpretação sistemática, que parte da ordenamento como um todo e deste contexto amplo extrai

---

[81] Quanto a esta questão, leciona José Lamego: "A 'pré-compreensão' significa uma antecipação de sentido do que se compreende, uma expectativa de sentido determinada pela relação do intérprete com a coisa no contexto da dada situação. A consciência da irredutibilidade da 'pré-compreensão' (e a impossibilidade de um conhecimento crítico que não seja afectado por um conhecimento pré-predicativo) não significa resignação à subjectividade existencial, mas é ela própria condição de 'verdade'. Para a Hermenêutica, a circularidade do processo de compreender afasta a pretensão de uma intelecção pura, apontando para o caráter situado de todo o conhecimento" (*Hermenêutica e jurisprudência*, p. 187).

[82] Paulo de Barros Carvalho leciona nesta mesma linha de argumentação: "Surge logo uma distinção que há de ser feita; texto no sentido estrito e texto em acepção ampla. *Stricto sensu*, texto se restringe ao plano dos enunciados enquanto suportes de significações, de caráter eminentemente físico, expresso na seqüência material do eixo sintagmático. Mas não há texto sem contexto, pois a compreensão da mensagem pressupõe necessariamente uma série de associações que poderíamos referir como lingüísticas e extralingüísticas. Neste sentido, aliás, a implicitude é constitutiva do próprio texto. Haverá, portanto, um contexto de linguagem, envolvendo imediatamente o texto, como as associações do eixo paradigmático, e outro, de índole extralingüística, contornando os dois primeiros" (*Direito Tributário. Fundamentos Jurídicos da Incidência*, p. 16).

as normas do sistema, em forma de unidade. Logo, trata-se de um lugar-comum do qual não se pode ausentar o intérprete.

O intérprete deve partir do contexto amplo, demarcando os espaços dentro dos quais as regras terão validade jurídica. Surgem, assim, as divisões largas no sistema - que constituem contextos genéricos -, formadas por aglutinação de situações submetidas às diversas teorias e subteorias jurídicas e que orientam, v. g., o Direito Penal, o Administrativo, o Tributário, o Constitucional, e que estão submetidas, primeiro aos princípios estruturais e gerais do direito, e, num segundo plano, estão sujeitos a princípios específicos e especiais.

Esta demarcação tem papel fundamental na identificação dos princípios gerais que orientam a formação dos contextos em que cada situação concreta, submetida a deslinde, deve encontrar a sua norma individual, mas também provoca implicações lógico-metodológicas específicas que devem ser observadas.

Cabe ter em mente que, v. g., no direito privado são admitidas presunções e ficções, o que não é admitido no âmbito da identificação da base calculada, na condição de fato imponível no direito constitucional tributário. Efetivamente, o intérprete parte de um modo de pensar específico a cada um dos ramos jurídicos, previamente determinado pela estruturação jurídica ampla de cada subcontexto identificado pela aplicação de princípios especiais e às vezes metodologias individuais. Estas caraterísticas específicas, por estarem inseridas na Ciência Jurídica, recebem a influência decisiva dos seus critérios de arrumação e articulação. Neste sítio é que se constata a utilidade de demarcação do conteúdo dos princípios por via de sua classificação em estruturantes gerais e especiais, e sua diferença quanto à sintática de seus conteúdos, que formam subtotalidades genéricas ordenadas.

Com todos estes argumentos, pode-se afirmar que, sendo o direito um sistema de linguagem que estabelece seus próprios valores, o modo de pensar - de valorar -, ou seja as regras de interpretação que devem ser seguidas pelo aplicador do direito, é dado abstratamente pelos postulados, princípios e critérios aplicativos extraídos num primeiro momento da Teoria Geral do Direito, e que, num segundo plano, são fundidos em núcleos, ordenados pelo direito objetivo posto, que estrutura as teorias específicas, tendo em vista os critérios de especialização. Num segundo plano, não menos importante, também há princípios e regras constitucionais, que articulam, em forma de norma de estrutura, o aparato normativo aplicável nos diversos subplanos especiais compreendidos pelo ordenamento, que devem ser preservados na aplicação do direito.

Assim, a diferenciação destes contextos não só tem a função de facilitar o estudo do direito por via de aglutinação de situações, cujo tratamento jurídico deve ser orientado para determinados fins gerais, mas identifica, também, as linhas de raciocínio especiais que devem ser observadas pelo intérprete no momento da aplicação do direito a determinados casos concretos.

A operação mental que deve ser feita pelo intérprete, para observar a ação dos fragmentos de significado - identificados nos textos legais - que operam uns sobre os outros, dentro de subplanos, é formulada invariavelmente pela lógica deôntica que atua no sistema jurídico, orientada pelo dever ser (Sollen). Aqui comparece a aplicabilidade da lógica jurídica, que, mesmo situada num plano mais abstrato do que aquele em que se situa a própria Ciência Jurídica, tem função sintática fundamental na condução da interpretação. A este propósito lembra-se que Alexandre Pasqualini leciona que: "A ordem jurídica, enquanto ordem jurídica, só se põe presente e atual no mundo da vida através da luz temporalizada da hermenêutica. São os intérpretes que fazem o sistema sistematizar e, por conseguinte, o significado significar".[83]

Pela descrição superficial das fases que devem ser vencidas pela interpretação, constata-se que a sintaxe se faz não mais por via da relação de palavras, mas da implicação ordenada de conteúdos proposicionais normativos amplos, considerando desde os planos lógicos, abstratos, que, caminhando em direção aos planos cada vez menos genéricos, alcançam os especiais, evoluindo assim sempre mais, para se projetarem nos fatos concretos e densos, que compõem o caso individual e concreto. A não consideração de qualquer conteúdo normativo contido nestes planos de interpretação implica aplicação parcial dos elementos prescritos e se manifestará no plano da construção da norma aplicável.

Opera-se, pois, sintaticamente, tanto quando se considera a relação de palavras, fonemas postos nas frase, que serviram de veículo de introdução[84] de cada proposição no sistema jurídico,

---

[83] Alexandre Pasqualini. *Hermenêutica e Sistema Jurídico, uma introdução à Interpretação sistemática do direito*, p. 23.
[84] Paulo de Barros Carvalho afirma: "Se bem que ambas as entidades se revistam de caráter conativo ou directivo, pois, mais que as outras, a função de linguagem apropriada à regulação das condutas intersubjetivas é verdadeiramente a prescritiva, os primeiros (os enunciados) se apresentam como frases, digamos assim soltas, como estruturas atômicas, plenas de sentido, uma vez que a expressão sem

como quando se relacionam entre si núcleos de significação de conteúdo decorrentes de interseção concatenada dos conteúdos proposicionais que formam o próprio plano jurídico.

Em face desta articulação, não se pode afirmar que há uma diferença marcante entre norma implícita e normas explícitas. Todas foram introduzidas por via de frases, e participam da formação do conteúdo e devem ser extraídas do texto normativo considerado na sua eficácia simultânea. Como se viu, formam a referência, que compõe um só todo.

Assim, sem dúvida, todas as proposições participam da formação deste todo. Fragmentos de linguagem situados nos mais diversos pontos geográficos do sistema, demarcados pela competência de ditar normas para aquele plano, é que se aglutinam sintaticamente - atuando uns sobre os outros - e produzem um significado. Neste sentido também leciona Alexy: "A la segunda pregunta, es decir, cómo puede reconocerse si un enunciado, por ejemplo, un enunciado en indicativo en un Código Penal, expresa una norma, hay que responder que ello puede hacerse tomando en cuenta su contexto. Por 'contexto' habrá de enterderse tanto los enunciados que se encuentran en conexión con este enunciado, como su uso, es decir, las circunstancias y las reglas de su utilización. El que, de esta manera, sean indispensables criterios pragmáticos para la identificación de algo como una norma no modifica en nada el hecho de que lo que hay que identificar es una entidad semántica, es decir, un contenido de significado que incluye una modalidad deóntica".[85]

Então, a materialidade física de um texto legal, desde que atenda à sintaxe gramatical e traduza mensagem, como afirma Alfredo Augusto Becker, meramente provoca sensações e estímulos, por via da leitura de seus enunciados, e a produção de sentido se dará na mente do intérprete, quando este fizer a avaliação simultânea e sincronizada de todos os elementos que produzem significado existente no contexto jurídico.

Assim, a norma sempre brota desta implicitude, deste plano total de referência, que molda um plano semântico jurídico.

---

sentido não pode aspirar à dignidade de enunciado. Entretanto, sem encerrar uma unidade completa de significação deôntica, na medida em que permanecem na expectativa de juntar-se a outras unidades da mesma índole. Com efeito, terão de conjugar-se a outros enunciados, consoante específica estrutura lógico-molecular, para formar normas jurídicas, estas, sim, expressões completas de significação deôntico-jurídica" (Id., ibid., p. 58).

[85] *Teoria de los derechos fundamentales*, p. 52-53.

Vale reponderar que a significação literal se situa no início do caminho de entrada no labor da construção das normas jurídicas.

Identificam-se, num primeiro momento, os dizeres expressos em veículos enunciadores de parcelas de significação, textos legais, e, num segundo momento, por via de construção de significados - labor mental do intérprete -, completa-se o trabalho hermenêutico.

SEGUNDA PARTE

Critérios constitucionais de apuração da renda tributável
(sua aplicação empírica)

6. Conteúdo dos conceitos econômicos de renda

6.1. Tipos de renda

A Economia, no que aqui nos interessa, tem por objeto o estudo da formação, consumo e transferência de renda. Para efeito de demarcação de seu conteúdo material, adota por medida os benefícios decorrentes da renda e os denomina de unidades de serviço.

Quando se adquire um bem, visa-se a obter os benefícios nele contidos, que se fruem por via de seu uso. Estes benefícios são adquiridos no mercado, por via de negócios jurídicos. O serviço contido no bem adquirido - juridicamente - será fruído, utilizado, no momento em que for extraído do bem no qual se materializa. Aqui já se formula um núcleo de interesse essencial: a fruição dos serviços, juridicamente, é admitida a quem tem direitos patrimoniais sobre o bem que contém o serviço fruído.

A fruição de serviço está, pois, vinculada ao respectivo direito de utilização.

Na lição de José Luiz Bulhões Pedreira, a palavra *Serviço* é empregada nesta acepção: "Para significar conceito que compreende tudo o que o indivíduo, ou grupo social, recebe do meio ambiente e é útil como meio ou instrumento, ou seja, todo *input* útil".[86]

O serviço adquirido pode ser simplesmente consumido, sem gerar acúmulo de novos serviços, o que concretiza mero consumo de renda - (patrimônio já acumulado). Este patrimônio - acumulado - pode também ser consumido para gerar novos serviços, caracterizando o ato de acumular renda, gerando a riqueza nova. Nesta acepção de riqueza nova é: "Serviço, é ganho, vantagem ou benefí-

---
[86] José Luiz Bulhões Pedreira. *Finanças e demonstração financeira da companhia*, p. 19.

cio para o sistema que o recebe: é algo que ele não tinha antes, a ele acresce vindo do ambiente, e é útil, porque pode ser usado como meio".[87]

Essa transferência, que implica fruir os serviços, é causada por atos econômicos: todo ato econômico cria fluxo de serviços. O fluxo de serviços, ou seja, a utilização dos bens patrimoniais, se dá pelo ato denominado consumo, que nada mais é do que um processo de uso.

Como o presente estudo se limita a estabelecer os critérios de quantificação do evento renda - como fato jurídico-constitucional, gerado pela empresa -, faz-se um corte metodológico e se retira do seu contexto o exame, mais profundo, das questões inerentes ao mero consumo de renda, uma vez que a empresa tem finalidade exclusiva de produção de renda. Por outro lado, sendo pessoa ideal, não tem condições físicas de fruir benefícios de consumo isoladamente com os sentidos, o que é singularizado na pessoa natural.

A compreensão exata desse processo de uso dos bens é de grande utilidade, uma vez que ele abrange toda e qualquer contribuição, material e imaterial, para a obtenção da finalidade do agente econômico que visa a obter renda. São, pois, utilidades, bens corpóreos em geral e, na atualidade, os incorpóreos, que se vinculam diretamente aos processos de produção, de distribuição e de consumo de um produto.

A prática de atos econômicos é, pois, a via pela qual se faz fluir os serviços - processo de fruição - de inúmeras fontes, direcionando seu uso a determinado fim. Assim já se identifica uma das caraterísticas deste fluxo do serviço para um beneficiário, qual seja: ele sempre provém de uma fonte, que, manipulada ou usada, faz brotar o benefício, que se denomina serviço.

Têm-se, portanto, utilizado dois termos genéricos - *serviços* e *produção*. O primeiro compreende todo e qualquer benefício que advém do exterior para dentro de um contexto; o segundo, produção, traduz em linguagem o ato ou procedimento de fazer fluir o serviço da fonte para outro bem, com vista a obter um ganho de serviços novos ou de acréscimo de patrimônio. Destacam-se, conseqüentemente, duas situações:

a) mero consumo de utilidade;
b) o consumo vinculado à produção de novos serviços.

---

[87] Id., Ibid., p. 19.

Em outros termos: há uma espécie de fruição pelo consumo de serviço quando o bem se destrói, sem gerar nem contribuir para a produção de novo bem. Há outra espécie de consumo que se constitui na utilização do serviço para gerar - produzir - novos serviços. José Luiz Bulhões Pedreira esclarece: "criar é produzir algo, dando nova forma a elementos preexistentes, o produzir é derivado do latim *producere*, cujo sentido etimológico é conduzir ou guiar (*ducere*) para".[88]

A análise do conceito de serviço mostra que a palavra *produzir* representa com precisão o ato do agente econômico que cria serviços, fluxos que agregam parcelas novas ao patrimônio preexistente. Assim, os serviços estão contidos nos bens genericamente considerados, que tanto são os utilizados como benefício próprio do consumidor como os submetidos à troca no mercado, visando à obtenção de novos bens. A produção se dá pelo consumo de um serviço contido num bem para transferi-lo a outro elemento, que o acumula. Assim, surge o recurso que acumula serviços e é utilizado para produzir outro bem econômico: produção de novos serviços ou acumulação de renda.

Diferentes da produção, se insiste, são as outras hipóteses em que ocorre simplesmente o consumo de serviços sem gerar acúmulo de novos serviços, que são identificados como consumo de serviços ou de renda. Mas, como se afirmou, estes se situam fora do contexto da atividade empresarial, como objeto exclusivo das empresas que perseguem, por um processo especulativo, a obtenção de lucro. Por outro lado, é a circulação econômica, feita entre as pessoas, que promove a circulação e a repartição de renda. Localiza-se então, no elemento troca patrimonial, juridicamente considerada, a fonte geradora de renda.

Como já se afirmou, valendo insistir na repetição, toda vez que se utiliza qualquer recurso - na qualidade de fonte de serviço -, pode-se obter:

a) um benefício, sem acumular serviço (consumo de renda);

b) produzir outro bem, consumindo serviços, e, com este consumo, se constitui acúmulo de novos serviços (produção de renda).

Em ambos os conceitos está presente o ato de consumo, ou a utilização dos serviços como benefícios. Mas o elemento que diferencia os dois tipos de consumo está no acréscimo dos direitos patrimoniais (aumento de patrimônio) que um dos tipo implica e no

---
[88] Id. Ibid., p. 21.

mero desaparecimento do serviço que o outro gera (consumo de patrimônio).[89]

6.2. A Forma de medição da renda

Quando um agente utiliza os serviços contidos num bem, v. g., comer, usar roupa, tomar um táxi, etc., efetivamente está consumindo renda no sentido concreto de fruição de serviço. Mas a economia não tem medida para quantificar a satisfação decorrente deste ato de consumo, e, por isso, adota como forma de medida econômica o valor dos bens que estão na origem do fluxo destes bens.[90]

Aqui se está diante de um verdadeiro postulado, uma vez que, não havendo forma de medir economicamente a satisfação de cada um em particular, adotou-se um mecanismo que possibilita calcular o valor da renda consumida: o valor da renda consumida é o valor em moeda que está na origem do fluxo. Vale dizer, em outros termos, é o seu custo de aquisição.

O custo do bem adquirido, pago na troca realizada no mercado, em moeda, é adotado como único fator de medida econômica, refletindo-se na medição do processo de transferência de renda. Este critério do cálculo de renda irá refletir-se no conceito constitucional do termo *renda*, como se verá adiante, dando origem ao princípio do registro pelo custo de aquisição, que será contraposto à receita de venda, que implica renda.

Aqui se gera outro núcleo importante: permanecem estáveis, no âmbito da Economia, os serviços retirados de um bem e transferidos a outro, que será objeto de troca no mercado. A parte dos esforços que for utilizada para produzir bens para consumo próprio constitui consumos de renda não medidos pela Economia, uma vez que não são alcançados pela medição, enquanto carecem da troca no

---

[89] José Luiz Bulhões Pedreira assevera: "A palavra consumir é derivada do latim *consumere*, que significa (a) tomar inteiramente ou completamente (que representa a idéia de extrair do bem de consumo os serviços nele contidos), ou b) destruir ou gastar (o que descreve o ato de consumir pelos seus efeitos sobre o recurso que é fonte dos serviços, ou pela transformação dos serviços consumidos)" (Id. Ibid., p. 22).

[90] José Luiz Bulhões Pedreira afirma: "O serviço que resulta do fluxo criado pelo ato de consumo não se presta a ser medido ou avaliado. A Física mede os fluídos em movimento pela vazão, que é a quantidade que escoa, por unidade de tempo, através de um conduto, mas como não se pode mensurar o ganho resultante da vazão de um fluxo de serviço, a Economia considera o valor do bem que está na origem do fluxo" (Id., ibid., p. 231).

mercado para ocorrer. Com isso se finca uma conclusão importante: a circulação econômica - que carateriza troca patrimonial - é o ponto culminante da medição da produção de renda. Sem que ocorra a medição, não há condições de estabelecer a produção de renda nova. Começa a surgir neste contexto o princípio jurídico e contábil da realização de um recurso novo, que, para ser incluído no âmbito da renda como coisa nova, requer a circulação econômica. Aqui já se identifica o núcleo fundamental que irá orientar o critério de concretização material de renda; a troca no mercado, que se denomina realização.

Têm-se, assim, elementos para afirmar que a Economia denomina de produção de renda a atividade econômica que faz com que, de etapa em etapa, se evolua, no fluxo dinâmico dos serviços produtivos, rumo à obtenção final de um produto que contenha, além do acúmulo de serviços consumidos, uma agregação de novos serviços. Com isto se pode afirmar que a renda se estabelece à medida que o respectivo produtor recebe, por troca no mercado, mais utilidades - medida em moeda - do que empregou no produto que vendeu. Se, em moeda, tiver consumido mais, ou igual número de utilidades de serviço do que recebeu em troca, não terá havido renda.

Com isto se identifica mais um elemento - a produção -, que compõe o primeiro núcleo material da significação do termo renda. Trata-se da agregação de utilidades novas às já existentes, medidas em moeda, por via de um processo de circulação de renda, denominado produção, que tenha decorrido da troca.

6.3. A moeda como instrumento de medida da renda

A circulação de bens cria o mercado, onde os que necessitam de serviços acumulados em bens se abastecem e, ao mesmo tempo, vendem o que produzem. O sistema de trocas, regulado pelo direito patrimonial, envolve cada indivíduo atuando dentro de um mercado, em que faz ofertas individualmente para venda à comunidade e, ao mesmo tempo, busca abastecer-se junto à totalidade dos ofertantes que vendem os serviços de que necessita.

Como já se demonstrou no título anterior, os serviços adquiridos são de dois tipos, diferenciando-se à medida que:

a) são destinados para consumo definitivo, fruição pura e simples, que implica ato de destruição definitiva de serviços; (consumo de renda);

b) são aplicados para gerar nova renda por via da circulação e repartição da renda acumulada (processo de produção).

No contexto do mercado é que cada um dos que nele atuam individualmente consegue atrair para si, adquirindo, parte da renda social, por via dos atos econômicos que pratica. Assim, o mercado, simultaneamente, promove a circulação das riquezas e também a repartição de rendas com base nos princípios econômicos.

As trocas patrimoniais de mercado podem ocorrer de duas formas:

a) a direta: trocam-se bens por bens (escambo);

b) a indireta: trocam-se recursos ou serviços por moeda, que é utilizada em ato distinto, para adquirir outros serviços.

As trocas diretas no mercado são próprias de economias atrasadas, que atuam no sistema de escambo, o que está fora de uma realidade factual nacional, e por isso é estranho ao presente estudo. Resta, pois, a troca indireta, que é própria das economias na atualidade.

Cabe ter em mente que no mercado se reflete, além dos efeitos das compras e vendas - trocas -, a atuação da totalidade do agentes que potencialmente podem vir a agir nele. Assim, por via da lei da oferta e da procura, se consubstancia a concorrência no mercado de troca de recursos e serviços acumulados, que se dinamiza com a introdução de um instrumento de medição patrimonial - a moeda - que serve para instrumentalizar a troca.

Destarte, os mercados são locais geográficos que envolvem a todos no fluxo social de riquezas geradas pela troca econômica, em que a moeda tem como função ser aceita - por uma comunidade - como forma de medida do valor econômico dos bens, e como tal serve de instrumento de troca. Para tal efeito, confere poder de aquisição jurídica de produtos (serviços acumulados), sendo também, por isso, a forma de conservação e reserva de valor para ser utilizada em trocas futuras.

A moeda tem, por isso, a função de unidade de conta, que representa, da forma mais abstrata possível, uma reserva de recurso - que está acumulada nos serviços -, que pode ser utilizada para adquirir serviços novos. Assim, a moeda é um mero instrumento da economia, usado como fator de medida genérica e universal dos direitos patrimoniais, como ocorre com o metro para medir distância, o quilograma para medir o peso das coisas, e o litro para medir líquidos, etc.

Para que se possa expressar em linguagem o valor econômico, é imprescindível conhecer o valor - medido em moeda - que o bem tem, no momento da troca.

Quando se passa a representar - em linguagem - os bens ou objetos, pelo seu valor patrimonial, em moeda, a sua natureza corpórea, constituída de elementos materiais concretos, não desaparece da cena econômica; tão-somente - o elemento corpóreo - fica num subplano material-factual, onde o seu consumo gradativo é medido e apropriado financeiramente. Mas este ficar subjacente aos números é próprio de todo ser real quando representado em linguagem.

O consumo factual destes bens - por via de utilização dos serviços neles contidos - causa eventos que, a sua vez, se refletirão no âmbito patrimonial, onde são medidos em moeda. Pelo caráter financeiro, apropria-se o consumo em moeda - fator de medida material e universal -, na proporção em que cada bem - corpóreo ou incorpóreo - for sendo consumido. Assim, no processo em que se gera a renda, a medição do patrimônio tem caráter financeiro. Dito isto, já se fundamenta a denominação de demonstrações financeiras, a forma de representação, em linguagem, dos resultados relativos à evolução quantitativa de um patrimônio.

Num balanço em que não se utilizasse a moeda como fator de medida, não haveria forma de verificar - por linguagem - as reservas de serviço existentes em cada bem para compará-los com as que existem em outros. Simplesmente não seria possível medir o patrimônio com caráter universal. Haveria um rol de bens, depósitos de serviços para o consumo, que seriam utilizados para obter novos bens. Com a introdução da moeda no plano jurídico, esta passou a constituir a única medida de valor - a medida universal - para quantificar o valor dos recursos: serviços produzidos e consumidos.

Para representar acréscimos ou decréscimos do patrimônio, a ciência - denominada Contabilidade - mede os fluxos, em moeda, do que o agente agrega, utiliza ou consome dos seus bens acumulados. Assim, a Contabilidade mede e representa em moeda os fluxos patrimoniais, estabelecendo suas variações quantitativas e também qualitativas.

Mas a Contabilidade também mede os consumos internos, quando faz as anotações das alterações qualitativas dos bens no processo de produção. Enquanto estes consumos forem realizados no processo de produção de renda, eles não afetam os direitos patrimoniais, porque, mesmo havendo a destruição do bem corpóreo, este não se perdeu; sua utilidade, pelo consumo, foi agregada ao bem produzido.

Assim, utilizando-se o conceito de renda que se identificou no final do subtítulo anterior, pode-se reafirmar que renda é um acréscimo de serviço, medido em moeda. Como o serviço é uma utilidade, um recurso, uma riqueza econômica, pode-se concluir que renda, na acepção econômica, é riqueza nova medida e representada em moeda, gerada por um processo de produção econômica de natureza dinâmica, que tem na troca seu núcleo de formação. Finalmente, pode-se igualmente afirmar que a moeda é a medida universal utilizada, pela linguagem social e jurídica, para representar as variações patrimoniais qualitativas e quantitativas que ocorrem em determinado patrimônio.

6.4. O Patrimônio

Quando, no âmbito social, se regulam as relações intersubjetivas de caráter econômico, forma-se o plano jurídico, em que se estabelecem as relações jurídicas dos direitos e obrigações patrimoniais, cuja linguagem expressional, em quantidades, é a moeda. Assim, o direito patrimonial estará contraposto ao dever de mesmo conteúdo, podendo-se reconhecer a existência de patrimônio somente à medida que o respectivo titular tiver direitos patrimoniais superiores às suas obrigações universalmente consideradas. Neste plano, os direitos patrimoniais são afetados pela obrigação no exato momento em que esta se instala no plano jurídico.

Pontes de Miranda assevera que:

"No patrimônio apenas entram os direitos patrimoniais, embora não só os direitos patrimoniais apreciáveis em dinheiro. Nele só há direitos. Não se pode dizer, em terminologia e sistemática escorreita, que a casa A é elemento do patrimônio de alguém; o que é elemento do patrimônio é o direito de propriedade sobre a casa A".[91]

Destarte, juridicamente, existe um núcleo indissolúvel, que tem como elementos contrapostos e necessários os direitos e obrigações patrimoniais. Para entender esta afirmação, deve-se levar em conta que o plano jurídico é único, e dele se reflete a força que

---
[91] *Tratado de direito privado*, § 595-567, Tomo V, p. 369.

sustenta o direito de propriedade, que inclui o direito ao recebimento do crédito de terceiro.

Pontes de Miranda afirma: "No Código Civil e no Código Comercial, patrimônio é o ativo, que, se há passivo, é atingível por este".[92]

No plano do gênero da propriedade, quando representados em linguagem, não se têm espécies de bens. Estas (espécies) estão subjacentes à linguagem. No momento em que se adquire determinado bem, os direitos de sua propriedade é que passam a se somar a outros direitos de igual natureza, já existentes no patrimônio. Esta questão é de suma importância para se poder compreender a expressão do patrimônio quantitativamente.

Aqui, no contexto dos direitos patrimoniais, é que se contrapõe o crédito ao débito. Logo, o patrimônio é uma figura que brota de um só contexto intranormativo, onde surgem, no plano abstrato, como universalidade em que se contrapõem e se limitam, os direitos e obrigações patrimoniais. Dessa forma, o Direito reconhece como patrimônio da pessoa unicamente a diferença entre as posições dos ativos e dos passivos. Ao se fundirem num todo, os direitos patrimoniais se formam, à medida que superam as obrigações.

Esta vinculação deflui da relação jurídica que protege o credor no recebimento do crédito. Por isso, juridicamente, nos balanços patrimoniais, patrimônio líquido significa a diferença que resulta da soma de haveres diminuída dos valores devidos. Logo, aqui surge a origem dos três planos contábeis essenciais, formado por grupos de contas:

1 - o Ativo;
2 - o Passivo;
3 - o Patrimonial Líquido (positivo ou negativo).

O Patrimônio é formado do conjunto de direitos patrimoniais contrapostos a obrigações patrimoniais, isto é, Ativo e Passivo. A diferença comparativa entre estes dois grupos de contas é que, nas sociedades comerciais, contabilmente, constitui o patrimônio líquido.

Portanto, têm-se elementos para demonstrar que cada ente jurídico ao qual foi reconhecida personalidade de ter direitos patrimoniais pode ter somente um patrimônio. Este, na acepção jurídica, é universal.

A entidade que emerge individualmente do sistema jurídico forma-se por um feixe de normas que incidem sobre a totalidade

---
[92] Ib. Idem., p. 372.

das relações passivas e ativas de cada um, constituindo um patrimônio. É neste contexto do sistema jurídico que brota a proteção de se ver garantido o direito à não-turbação (do direito) patrimonial por terceiros, excetuando-se os credores, que, no momento em que surge seu crédito, passam a ter direitos sobre o patrimônio existente do devedor, como forma de garantir seu recebimento.

O direito patrimonial é atribuído e exercido pela pessoa jurídica ou física. Com a morte da pessoa física, ou a extinção da pessoa jurídica, os direitos sobre seus bens - que formavam seu patrimônio - são sucedidos nos termos da legislação. Para que haja um patrimônio, terá de haver um titular - formado por um feixe de normas - a quem normativamente foi atribuído o respectivo direito.

A personalidade, tanto da pessoa natural como da jurídica, é constituída por este feixe de normas que constitui núcleo formador indivisível de direitos patrimoniais. Tendo-se um único núcleo que irradia direitos e ao mesmo tempo é passível de obrigações, não se pode pensar logicamente que uma mesma personalidade possa ter mais de um patrimônio. Isto implicaria existência de dois núcleos de formação patrimonial (dois feixes de normas) diferentes. Deste contexto brota, pois, no âmbito do direito privado, a unicidade do patrimônio de cada ente capaz de direitos. Este patrimônio pode ser alterado por fatos patrimoniais, tais como acréscimos ou perdas.

Quanto a este aspecto, diz Pontes de Miranda:

"O pertencer a um só sujeito é pressuposto necessário, porém não suficiente, de patrimônio. Os pressupostos necessários e suficientes são a unidade e a pluralidade potencial dos elementos 'direitos', 'pretensões', 'ações' e 'exceções'. Como conjunto, o patrimônio cresce, ou diminui, sem que se lhe altere a identidade. O conjunto vazio continua de ser patrimônio".[93]

Modesto Carvalhosa, comentando o tema, assevera:

"O conceito de renda, portanto, é intrinsecamente ligado ao conceito de patrimônio, já exposto, no sentido de que patrimônio é conjunto de riqueza material, intelectual ou profissional de uma pessoa capaz de produzir, renda a qual por sua vez, virá a se acrescer a esse mesmo patrimônio".[94]

---

[93] *Tratado de direito privado*, § 595-567, Tomo V, p. 366.
[94] Imposto de renda, conceituação no sistema tributário da Carta Constitucional. *Revista do Direito Público* nº 188, p. 196.

O professor Paulo Frontini afirma que: "Patrimônio é o conjunto de relações econômicas ativas e passivas pertinentes a uma pessoa, de que é titular uma única pessoa; e cada pessoa só tem um patrimônio".[95]

Este patrimônio, posto em risco, no contexto do objeto social de uma empresa comercial, recebe um tratamento legal diferenciado para que se possa apurar o lucro, denominação que lhe é concedida pelo direito societário.

Efetivamente, no momento em que surge uma sociedade, e se forma uma personalidade, ocorre um fluxo econômico que se constitui juridicamente mediante a separação de determinado patrimônio formado ou por dinheiro e/ou bens, na sua acepção mais ampla. Simultaneamente ao registro no órgão competente, surgem os direitos correspondentes à personalidade; iniciam-se as relações jurídicas, que se dão entre os sócios e nos relacionamentos da sociedade com terceiros.

Ver-se-á adiante que é desta unidade do patrimônio que decorre o postulado contábil da Entidade, que adota este patrimônio como uma unidade isolada de outros bens considerados, sob o ponto de vista dos direitos patrimoniais. É este postulado contábil da Entidade que consubstancia, cientificamente, a relação jurídica privada em forma de um patrimônio universal. Esta individuação, em caráter universal, também é a mesma para efeitos de imposto sobre a renda, por dicção própria da Constituição Federal, quando esta impõe, no § 2º do art. 153, que o imposto de renda será informado pelos critérios da generalidade, da universalidade e da progressividade, na forma da lei.

Esclarecedora a posição de Pontes de Miranda:

> "O que entra no patrimônio, como elementos deles, são os direitos, pretensões, ações e exceções; não as coisas, seu uso, seu fruto, seu valor, objeto dos direitos reais, nem as prestações, que o devedor, obrigado, acionado ou executado tem de satisfazer. O patrimônio é conjunto de efeitos jurídicos, portanto necessariamente já no mundo jurídico (plano da eficácia), e não de seres do mundo fáctico".[96]

A Carta Política, quando prescreve os critérios da generalidade e universalidade, nada mais faz do constitucionalizar a própria

---
[95] Periodicidade do imposto de renda II. Mesa de debate. *Revista de Direito Tributário*, n. 63, p. 55.
[96] *Tratado de direito privado*, § 595-567, Tomo V, p. 376.

natureza da relação patrimonial prescrita pelo art. 57 do Código Civil.

Já se viu que o patrimônio, em sendo universal, só comporta a inserção dos direitos como elementos abstrato. Também já se viu que os bens de tal ou qual natureza, ao serem representados em linguagem, ficarão num plano subjacente ao do patrimônio. Mas nem por isso perdem importância: como se afirmou, estão inseridos na própria realidade posta em linguagem. É esta realidade, sob a ótica metodológica que adotamos neste estudo, que será fundamental para compreender as anotações dos consumos de renda, quer em forma de insumos, ou como depreciação dos bens de uso continuado dentro do contexto contábil.

6.5. As empresas como núcleo de produção de renda

À guisa de introdução da questão relativa à pessoa jurídica, menciona-se que as normas constitucionais que estruturam os direitos e garantias individuais instituem um núcleo, pétreo, que compõe a personalidade da pessoa civil, que engloba tanto a pessoa natural como a jurídica. O direito adota a pessoa natural e a introduz no seu âmbito como detentora de direitos e obrigações civis, formados a partir de um contexto em que se irradia um feixe de normas do ordenamento jurídico.

Neste sentido alerta Ferrara, citado por Geraldo Ataliba: "A personalidade é um produto da ordenação jurídica, que surge graças ao reconhecimento de direito objetivo, a pessoa individual, o sujeito físico não é pessoa por natureza, mas por obra de lei".[97]

A pessoa civil, como se mencionou, é gênero que inclui a pessoa natural e a jurídica, e, quando incluídas na relação tributária, transferem a este núcleo relacional o *status* de sua personalidade, por força do sistema jurídico. Nesta relação estão, pois, inseridos todos os direitos pessoais garantidos constitucionalmente, e como tais devem ser observados tanto pelo legislador como pelo aplicador da lei. Vale dizer que o titular do patrimônio deve ser tratado, no direito tributário, com observância de todos os seus direitos e garantias constitucionais, essencialmente os elencados no art. 5º da Carta Política, onde se forma o núcleo pétreo da personalidade. É pois aplicável à pessoa jurídica a inviolabilidade da propriedade, nos termos do *caput* do art. 5º, ratificada pelo inciso XXII e confirma-

---
[97] *Hipótese de incidência tributária*, p. 37.

da, pelo obrigatório processo de desapropriação, nos incisos XXIV e XXV, todos do mesmo artigo da Carta.

Além disto, é vedada a utilização do tributo para promover confisco, nos termos do 150, IV, da Carta. Esta proteção será essencial para que se afirme, adiante, o princípio da legalidade dos tributos como partícipe da formação dos contornos da capacidade contributiva, que somente pode ser reconhecida no momento em que o contribuinte do imposto de renda tiver consolidado, juridicamente, o direito sobre os créscimos patrimoniais.

O direito, por via da instituição da personalidade jurídica, organiza o plano econômico de uma comunidade, instituindo e limitando o poder de praticar atos, e legitima cada indivíduo a participar da atividade econômico-social no âmbito da produção e consumo. Assim organiza a geração e distribuição de renda, por via da circulação de riquezas. Esta circulação de riquezas é estruturada, juridicamente, mediante institutos como o direito de propriedade - já enfocado - que tem, essencialmente, no direito contratual a forma mais genuína de transferência de direitos patrimoniais.

Dentro da organização econômica social, o direito, em cada comunidade política, institui agentes, outorgando-lhes capacidade jurídica para figurar tanto no pólo ativo como no passivo da relação jurídica, por via de reconhecimento da personalidade jurídica, que constitui, em última análise, um núcleo em torno do qual se centram as relações jurídicas.

7. A questão relativa à apuração contábil

7.1. A contabilidade como linguagem de expressão do cálculo patrimonial

A ciência não é um aglomerado de conhecimento; é, antes de tudo, uma estrutura única formada por seus postulados e pela convergência de seus elementos a um só todo, orientado por seus princípios, compondo um plano específico. Disso não se afasta a Ciência Contábil, que forja um objeto que orienta por inteiro a sua produção máxima, qual seja: a correta apresentação do patrimônio, que inclui a apuração de suas mutações, a análise e a anotação das causas das suas variações.

Nestas condições, formam-se três planos, que devem ser interpretados de forma diferente: primeiro, existe o cálculo do lucro de acordo com a lei comercial vigente, notadamente a Lei nº 6.404/76; segundo, o cálculo do resultado patrimonial nos termos das regras contábeis, formuladas a partir da estrutura científica da Ciência Contábil; terceiro, o cálculo de renda, observando os critérios constitucionais.

Sérgio de Iudicibus, citando um relatório do Grupo de Estudos denominado Objetivos dos Demonstrativos Financeiros, publicado pelo *American Institute of Certified Public Accountants*, afirma que a função fundamental da Contabilidade "(...) tem permanecido inalterada desde seus primórdios. Sua finalidade é prover os usuários dos demonstrativos financeiros com informações que os ajudarão a tomar decisões econômicas".[98]

A Lei nº 6.404/76, quando trata das demonstrações financeiras, regula a apuração do resultado das empresas de forma minudente, prescrevendo, no art. 176, que estas deverão exprimir com clareza a

---
[98] *Teoria da contabilidade*, p. 18.

situação do faturamento da companhia e as mutações ocorridas no exercício, por via de demonstrações distintas:

a) balanço patrimonial;
b) demonstração dos lucros ou prejuízos acumulados;
c) demonstração do resultado do exercício; e
d) demonstração das origens e aplicação dos recursos.

Por este preceito legal se constata que a matriz de cálculo do lucro apurado contabilmente foi introduzida no subplano jurídico privado.

O art. 177 da mesma lei obriga as empresas a observarem "os princípios de contabilidade geralmente aceitos" e os "métodos ou critérios contábeis".

Comprova-se, pois, que, por disposição legal, contida na lei comercial, também devem ser aplicados os princípios de registro contábil, atendendo aos métodos e critérios aceitos cientificamente. O Decreto-Lei nº 1.598/77, em seu art. 6º, prescreve, para efeito da apuração da base calculada do imposto de renda, que "o Lucro Real é o lucro líquido do período da apuração ajustado pelas adições, exclusões ou compensações prescritas ou autorizada". Isto significa, inquestionavelmente, que a contabilidade está inserida no âmbito da análise da base calculada prescrita pela legislação tributária.

A anotação dos eventos econômicos em valores não é pois, só mais uma questão contábil; é, também, questão jurídica. Por decorrência, os eventos econômicos registrados e representados pela linguagem contábil passam a constituir fatos jurídicos tanto para apurar o lucro comercial como para estabelecer a base calculada do imposto de renda.

Além disto, já se constatou que, para determinado bem constituir um elemento patrimonial, é necessário que existam direitos patrimoniais. No momento em que se trata de uma quantificação contábil, tem-se como objeto uma quantificação de direitos, o que já implica medida de um bem jurídico. Localiza-se, pois, onde o evento econômico factual se transforma em fato jurídico e, como tal, passa a pertencer ao sistema composto por dois aspectos, ambos de natureza jurídica: um, que carateriza o próprio bem patrimonial (cuja substância é jurídica); outro, que trata de sua quantificação patrimonial para fins privados e tributários.

Fica, pois, evidente que as normas jurídicas ordinárias, que regem o próprio registro contábil, igualmente denotam duas naturezas:

a) a de fato econômico, denotado pela linguagem contábil;

b) a de fato jurídico, que quantifica direitos patrimoniais e, como tal, se impõe legal e prescritivamente.

Em outros termos, a lei introduziu no âmbito da facticidade jurídica o regime contábil total, que serve de norma de natureza procedimental - logo de estrutura -, que prescreve como devem ser transformados em linguagem jurídica os valores correspondentes aos direitos patrimoniais, aí compreendidas todas as mutações quantitativas e qualitativas que ocorrem dentro da dinâmica dos elementos que compõem o patrimônio da empresa.

Com a inclusão dos princípios contábeis no contexto jurídico, estes passam a constituir a regra jurídica preceptiva que deve ser aplicada - como norma jurídica - para quantificar os valores patrimoniais dos empreendimentos para fins privados e tributários.

Com apoio no que se afirmou quanto aos contextos de interpretação - comentados no Capítulo 5 -, pode-se afirmar que a Ciência Contábil - com sua estruturação científica - está, desta forma, incluída no plano jurídico, compondo o contexto semântico, formando uma linguagem técnica. Esta linguagem traduz quantitativamente os direitos patrimoniais, aos quais estão subjacentes os eventos econômicos, quantificando-os com a finalidade de representá-los, juridicamente, no plano dos objetos culturais.

Vale, então, dizer que, quando se emprega o termo *lucro*, ele compreende no seu conteúdo o resultado de um período apurado juridicamente, com a observância de todos os postulados e princípios contábeis que definem os critérios a serem adotados na quantificação do resultado comercial de uma entidade. Esta arrumação contábil-científica fica, pois, *implicitamente*, contida na camada profunda de linguagem, gerando compreensão semântica jurídica por via da sintática dos conteúdos.

Paralelamente a isso, se o registro contábil for feito como determina a lei, constitui norma jurídica individual e concreta, que deve ser respeitada por todos, inclusive a administração pública. Este é o fundamento da obrigatória aceitação dos registros contábeis como prova a favor do contribuinte, porque, já num primeiro plano, se trata da transformação, em linguagem, dos eventos que constituem fatos jurídicos de conteúdo econômico. Estes fatos jurídicos, a sua vez, consubstanciam elementos formadores de normas individuais e concretas.

Cabe lembrar que os registros contábeis são feitos segundo a lei comercial, instituída em face da competência inscrita no art. 22, I, da Constituição. Seus efeitos, primariamente, estão restritos ao âmbito compreendido pela competência outorgada ao legislador ordinário para legislar sobre o direito privado.

Como o cálculo de renda, objeto deste estudo, está restrito ao contexto da aplicação dos preceitos constitucionais, cabe tomar este fato, em primeira análise, para, a partir dele, constatar quais são os critérios que devem ser observados para se obter a base calculada do fato jurídico-constitucional, denominado *renda*, que, como se referiu, é também apurado com base nos registros contábeis.

Para que se possa observar a diferença entre os critérios de apropriação dos investimentos de recursos, que implica obtenção do lucro e da renda, há que iniciar pelo estudo da Contabilidade, nos seus termos essenciais, fazendo-o por via de um exame de seus postulados e princípios.

Quer se repisar, que a Ciência Contábil se forjou como ciência preocupada com a quantificação e qualificação dos direitos patrimoniais - logo, de natureza econômica real e efetiva - como um todo, em contínua evolução. Contudo, a legislação societária instituiu o procedimento que apura os resultados periódicos, não se atendo à questão relativa à apuração do lucro tributável, sujeito a critérios específicos, que preservam a verdade material, objeto da ciência.

Por isso, levando em conta que a quantificação de renda tributável adota, como ponto de partida, o resultado comercial (art. 7º do Decreto-Lei nº 1.598/77), o cálculo final da quantificação da base impositiva do Imposto sobre a Renda deve ser reajustado para que se adeqúe aos princípios e regras constitucionais, com os quais devem harmonizar-se as normas ordinárias específicas que orientarão a apuração desta base impositiva (art. 8º, I, do Decreto-Lei nº 1.588/77). A estes dois planos distintos deve ser agregado um terceiro, que estuda cientificamente as variações quantitativas do patrimônio, que se denomina de Ciência Contábil.

É inequívoco, então, que os princípios e métodos contábeis devem ser legalmente aplicados para apurar o lucro. Tendo em vista que estes princípios, no Brasil, são fixados pela entidade máxima dos contabilistas, o Conselho Federal de Contabilidade - CFC, e considerando que a contabilidade comercial, legalmente, é tomada como cálculo fundamental do valor renda para efeito de tributação, já se verifica ser necessário que todo aquele que quiser examinar criticamente a formação da base calculada do imposto de renda deve submeter a exame estes critérios originários. Justifica-se, então, o exame da Resolução CFP nº 750, de 29 de dezembro de

1993, que dispõem atualmente sobre os princípios fundamentais da contabilidade, e que também estão prescritos pela lei ordinária tributária.

Este tema é posto de forma expressa exatamente para deixar marcada a nossa posição, de certa forma estranhável, de, num trabalho sobre tema constitucional, que quer ter cunho científico, discutir uma regulamentação posta por uma entidade que congrega profissionais de uma atividade específica. Sem dúvida, temos consciência plena de que promover o exame mesclado da lei fundamental, com regras técnicas de contabilidade, pode parecer uma agressão total à metodologia do estudo científico na forma em que o direito tributário é estudado no país. Entretanto, como se afirmou, estas regras - emitidas pela entidade profissional - são de aplicação obrigatória e estão postas nos termos da legislação. Elas delimitam e descrevem os princípios contábeis adotados pela lei comercial que constitui a base calculada primeira e fundamental do valor renda. Trata-se, pois, de regras que regulam a elaboração de cada balanço comercial e que, por isso, fundamentam tecnicamente o resultado que serve de apuração fundamental da hipótese de incidência para tributação do imposto de renda. Além disto, também já se referiu que os termos utilizados pelo legislador têm seu significado originário identificado no âmbito social e técnico. Diante de toda esta questão posta, o intérprete tem dois caminhos a seguir:

a) simplesmente não estuda o tema e adota os critérios contábeis - legalmente aplicáveis - sem conhecê-los ou ao menos sem os submeter à crítica;

b) examina-os e os contrasta com os critérios constitucionais, que prescrevem como deve ser formulada a apuração da base calculada, com vistas a adaptá-los à função constitucional.

Entendemos, também, que num discurso que adotou, como método, promover a integração de momentos estritamente teóricos com fatores práticos não pode deixar de estudar cientificamente qualquer tema que influa na afirmação de uma proposição final.

No presente discurso, até para que atenda os propósitos da obra, decidimos então, como já se deixou marcado no capítulo introdutório, examinar o tema de forma tal que nos pareça suficiente para ter argumentos que fundamentem nossas definições teóricas e que, também, se possam examiná-los, criteriosamente, sob o ótica de sua aplicação.

Com isto deixamos marcado que, mesmo sabendo das críticas que poderão advir desta definição, nosso objetivo é a de resolver questões objetivas, materialmente identificáveis. Ao fim e ao cabo, trata-se da defesa dos direitos e garantias individuais - entre as quais se inclui o de pagar imposto de renda somente na razão em que a renda ocorre -, que devem ser considerados não só de forma teórica, mas, essencialmente, devem ser concretizados, de forma prática, nas decisões individuais e concretas, ao se aplicar o direito.

Pela Contabilidade produzem-se diversas informações econômicas. Interessam, para o presente trabalho, unicamente as abordagens inerentes à quantificação da variação patrimonial quantitativa e qualitativa, em torno da qual se organiza a atividade empresarial produtora de renda. A Contabilidade transforma em registro todos os atos econômicos de consumo de serviços - de utilidades - contidos num bem em função da produção de outros.

Este histórico de consumo é necessário para que se possa estabelecer o valor dos recursos consumidos - denominados custos ou despesas - no momento em que são transferidos a outros bens no processo de produção, que são posteriormente aglutinados sob rubricas genéricas, cujo valor total é apropriado nos balanços periódicos. Cabe, ainda, anotar que o detalhamento de consumo de cada utilidade é feito pela Contabilidade de Custo e escriturada em documentos auxiliares da empresa, que integram a formalização da escrituração contábil.

A Contabilidade é a ciência social que estuda os critérios que, de forma mais próxima da verdade, quantificam o resultado - ou seja, a renda - dos empreendimentos econômicos. Por isso formula regras de cálculo que devem ser cumpridas - na aplicação destes critérios - para apropriar o consumo de um serviço, *output*, e para reconhecer a entrada de renda, *input*.

É esta estruturação geral que de fato organiza, por critérios, toda a quantificação e permite uma visão ampla e bem próxima da situação patrimonial.

No art. 187 da Lei nº 6.404/76 se estabelecem os critérios de Demonstração do Resultado do exercício, que estruturam a contraposição básica de duas contas genéricas: 1) das receitas; 2) das despesas de um exercício. Estas regras nada mais são do que a arrumação técnica de uma apresentação do cálculo do resultado de um período, que deve atender aos critérios da avaliação do ativo postos no art. 183 e do passivo no art. 184. Estão compreendidos nestes preceitos o princípio comum do registro pelo valor de aquisição, a depreciação, a amortização e a exaustão. Os critérios de avaliação do passivo, prescritos no art. 184, também da Lei nº

6.404/76, na verdade, nada mais são do que a concretização dos princípios contábeis que regem o registro dos passivos.

Este contexto de apropriação é enriquecido pelas prescrições contidas no art. 178 da Lei nº 6.404/76, que estrutura o Balanço Patrimonial em dois grupos: Ativo e Passivo. No Ativo, adotam-se contas genéricas: a) o circulante, b) o realizável (a curto e longo prazo); e c) o ativo permanente (dividido em investimentos, imobilizado e diferido). No grupo do Passivo deverão ser considerados os seguintes subgrupos: a) passivo circulante; b) passivo exigível (a curto e longo prazo); c) resultado dos exercícios futuros; e d) o patrimônio líquido, que é subdividido em: 1) capital social; 2) reservas de capital e de reavaliação; 3) as reservas de lucros e lucros ou prejuízos acumulados. Por estes preceitos se estrutura a própria forma do procedimento de cálculo em contas genéricas, que, a sua vez, são informadas por subgrupos de contas distintas.

O critério que define a apropriação dos valores relativos aos consumos de serviços é o de utilidade do bem instrumental. À medida que o bem, em face do seu consumo, tem menos utilidade para a produção, o valor consumido é transferido contabilmente ao novo bem.

Há casos em que a utilização do bem no processo de produção de renda o destrói totalmente, para transformá-lo em utilidade: v. g., o trigo transforma-se em farinha. Há casos em que o bem consumido não se integra no novo bem, v. g., a lenha, ou carvão, que produzem calor, pela utilização dos serviços neles contidos, passam a não existir como fator econômico de renda acumulada no âmbito do ciclo de produção em que estavam inseridos. Mesmo restando sua parte física, seu valor em utilidade, de uso, foi transferido aos novos bens.

Neste espaço, surge também, v. g., o conceito de depreciação, que nada mais é do que a forma de medir o fluxo econômico-financeiro dos serviços contidos num bem de capital e registrar sua transferência para os bens produzidos. Uma vez totalmente depreciado, o que as vezes toma um período compreendido por uma década, reconhece-se o consumo econômico total, e o bem, como estrutura material - não mais econômica -, permanece no rol dos destruídos pelo consumo até que seus resíduos sejam convertidos em nova moeda, por troca. Antes de se vender o bem consumido, economicamente, seu valor é zero.

Por esses exemplos se mostra o fator básico do processo de produção de renda: o que importa é o valor econômico investido, que gera renda pela transferência das utilidades num processo contínuo. O bem usado no processo perde seu valor à medida que é utilizado na produção do outro bem; o consumo gradativo vai diminuindo o seu valor, como estoque de capital, decrescendo seu valor em moeda até que, ao final do consumo, seja zero.

Como se vê, neste contexto existe uma sincronia entre o fluxo financeiro e o consumo econômico. Esta sincronia ocorre exatamente pelo fato de o fluxo financeiro constituir tão-somente o fator de medida, em linguagem, que identifica a utilização econômica.

A Contabilidade não se importa com o fato de um resíduo de um bem constituir acúmulo de serviços para produção de outros bens. Somente se fará registro novo quando, v. g., houver venda de sucatas, máquinas usadas, que configuram recuperação de custo de bem consumido.

Constata-se, pois, que a quantificação do consumo, registrado pela depreciação, impõe que os bens, sujeitos ao uso reiterado tenham seu valor apropriado considerando seu prazo efetivo de utilização.

Os bens usados que não perdem valor em face do uso, v. g., terrenos, não transferem serviços ao novo bem. Logo, quando não houver transferência de utilidade pelo consumo efetivo de serviço, não haverá registro contábil, pela simples razão de a Contabilidade constituir a linguagem técnica, orientada por critérios científicos, que registra as mutações patrimoniais.

Constata-se que o critério de transferência de serviços se identifica com o que se denomina custo, ou despesa contábil, no contexto das demonstrações financeiras. Não havendo consumo efetivo, factual, caracterizado pelo consumo de utilidades, não se registram perdas de direitos patrimoniais, e, em decorrência, a Contabilidade também não reconhece a transferência de serviço. Este fato ocorre simplesmente porque não houve perda de direitos patrimoniais causadas por desgastes.

A este propósito cabe não olvidar que a Contabilidade, quando apropria consumos, adota como ponto de partida o valor do patrimônio aplicado, medido em moeda. Por isso o valor histórico, pago pela aquisição de bens, é um critério de fundamental importância para efeito da apuração do lucro, e também da renda. O valor histórico representa, assim, o capital empregado em determinado bem, e por ele se orientam todas as relações de apuração. Fica evidente, com isto, que o critério contábil se conduz no sentido de quantificar os resultados do processo de produção de renda econômica, com base no valor em moeda, e, em face disto, está vinculado, genericamente, aos recursos investidos.

Nasce neste contexto o princípio do registro pelo custo de aquisição adotado pela Contabilidade e prescrito pelas leis comercial e tributária, que implica o critério que adota o valor histórico com a base fundamental da apuração de renda.

Já se realçam os argumentos postos no sentido de que a formação de renda constitui um processo dinâmico, em que atua em contraposição a formação dos *outputs* e dos *inputs* de serviços, ou seja, consumo de capital e obtenção de recursos novos.

Para apurar o valor renda com conteúdo de verdade é que a Ciência Contábil forjou a condição de conhecimento de seu objeto instituindo seus postulados. A partir destes fixou, então seus princípios, que armam uma estruturação formal da escrituração contábil, que estabelece os critérios do reconhecimento do acúmulo de renda, ou resultado real da empresa. Esta dupla estruturação - por postulados e princípios - constituirá o objeto de estudos dos subtítulos subseqüentes.

Com esses argumentos prévios, preliminarmente se constata que o conceito constitucional de renda tributável encontra fundamentalmente na Ciência Contábil a sua expressão em linguagem, e só por isso ela já não poderia estar ausente dos compêndios que estudam, cientificamente, o que é renda na acepção constitucional. Por outro lado, também fica evidente que, se a Contabilidade constitui a linguagem jurídica que expressa o valor renda, o aplicador que não a conheça está desabilitado, tecnicamente, para decidir questões tributárias relativas ao Imposto de Renda.

7.2. Os postulados contábeis

O primeiro fato que deve ser considerado, quando se analisa qualquer ciência, é a identificação de seus postulados. Como se afirmou, trata-se da estipulação, da organização, das condições específicas que devem ser observadas para que se viabilize o conhecimento da verdade investigada. Os postulados contábeis constituem a condição, o modo, que deve ser rigidamente observado no próprio processo de conhecimento da verdade que se busca estabelecer sobre determinado patrimônio.

Uma vez estabelecidos os postulados - que têm caráter rígido de aplicação -, devem ser moldados os princípios que formam a estrutura conceitual básica que orienta determinada ciência. Com isto se reafirma que os postulados não têm este *status* porque foram adotados pela Ciência Contábil, mas porque, pela teoria do conhecimento, constituem formas lógicas - como meios técnicos - que, aplicadas por determinado processo de conhecimento, permitem estabelecer uma verdade quanto a um objeto específico. O postulado tem conteúdo abstrato, sem conotação material. Constitui instrumento intelectual neutro, que viabiliza determinado conhecimento. Assim como se têm postulados contábeis, têm-se postulados lógicos, que são utilizados pelo direito e que passam a ser qualificados como jurídicos, porque servem, invariavelmente como modelos procedimentais, de aplicação pressuposta, para se alcançar determinado conhecimento científico. O mesmo ocorre com os critérios.

Buscando identificar os critérios fundamentais a serem atendidos no procedimento que estabelece a verdade material, pela Ciência Contábil, destacam-se dois postulados ambientais - o da Identidade e o da Continuidade -, "que enunciam as condições sociais e institucionais dentro das quais a contabilidade atua".[99] Em seguida têm-se os princípios, que seriam "a resposta da disciplina contábil aos postulados",[100] constituindo o núcleo da estrutura da Ciência Contábil. Além dos dois postulados mencionados, como se verá, expressamente aceitos por parte da doutrina desta ciência, ousamos afirmar, para efeito de quantificação do valor renda, como base calculada do respectivo imposto, um terceiro, que denominamos postulado da Medida de Valor Constante.

Finalmente, a Ciência Contábil tem seus princípios, que constituem a estruturação mais genérica de critérios de quantificação, que a sua vez recebem modulações especiais - também denominadas de princípios especiais -, em que determinados conceitos são adaptados para serem aplicados a situações específicas e/ou especiais.

Feitas estas considerações, menciona-se que, pela Resolução do Conselho Federal de Contabilidade nº 750, de 29 de dezembro de 1992, não se admite a existência de postulados, mas tão-somente de princípios.

Apesar dessa posição, eminentemente técnica, para efeito do estabelecimento dos critérios de cálculo da hipótese de incidência do Imposto de Renda, não aceitamos a classificação, como princípios, dos assim denominados princípios da Entidade, da Continuidade e da Atualização Monetária. Entendemos que, para se poder

---

[99] FIPECAFI e Arthur Andersen. *Normas e práticas contábeis no Brasil*, p. 48.
[100] Id., Ibid., p. 17.

culminar na apuração de renda como fato jurídico material, submetido a princípios de verdade, como prescreve a constituição, estes mecanismos de conhecimento devem ser adotados como postulados.

Sem dúvida alguma é nesta diferença de fundamentação metodológica que se separa o cálculo do lucro previsto na lei comercial do cálculo do valor renda como fato jurídico-constitucional. Não se admitem - os citados postulados - como princípios, porque, se forem aplicados de forma ponderada, sem os contornos definitivos e rígidos contidos numa regra técnica inflexível, como deve ser o aplicar os postulados, desestrutura-se o próprio processo de cálculo da apuração do valor renda, na forma prescrita pela Carta. Em outros termos, no lugar de um termo que efetivamente fundamenta o controle do poder ter-se-á uma fonte de arbítrio. Este controle rígido não é exigido para o cálculo do lucro regido pela lei societária, que, apesar de estar sujeita a princípios constitucionais que regem a formação de relações jurídicas privadas, pode promover a deformação que entender necessária.

Com o que já foi dito pode-se firmar um ponto: postulados estruturam a Contabilidade formando limites, densificados pelos princípios gerais e especiais. Assim, representam cortes metodológicos que delimitam o âmbito da ciência e, como tais, constituem a estrutura fixa, que deve ser preenchida pelos princípios contábeis, com vista a afirmar o conhecimento do patrimônio e suas mutações.

7.2.1. Postulado da Entidade

Na verdade, este postulado é o núcleo formador do contexto em que a Contabilidade atua, uma vez que se fundamenta no direito patrimonial e afirma que a entidade é constituída por um patrimônio autônomo, totalmente distinto do de seus sócios. Trata dos valores que pertencem ao patrimônio de determinada pessoa, excluindo os demais. Em outros termos, delimita rigidamente o objeto da ciência.

Mesmo adotando a entidade como princípio, é elucidativo o conteúdo contido na norma técnica citada, aplicada no Brasil, que prescreve, no art. 4º da Resolução 750:

"O Princípio da *entidade* reconhece o Patrimônio como objeto da Contabilidade e afirma a autonomia patrimonial, a necessidade de diferenciação de um Patrimônio particular no universo dos patrimônios existentes, independentemente de pertencer a uma pessoa, um conjunto de pessoas, uma sociedade ou instituição de qualquer natureza ou finalidade, com ou sem fins lucrativos. Por conseqüência, nesta acepção, o patrimônio não se confunde com aqueles dos seus sócios ou proprietários, no caso de sociedade ou instituição".[101]

A Resolução citada, ainda no parágrafo único do mesmo artigo, adiciona argumentos quando prescreve: *"o patrimônio pertence à entidade, mas a recíproca não é verdadeira. A soma ou agregação contábil de patrimônios autônomos não resulta em nova entidade, mas numa unidade de natureza econômico-contábil."*

Em face desta regra, a Contabilidade, no Brasil, deve identificar os bens isoladamente, como forma geral, para que possa, na medida do seu consumo, justificar materialmente estes registros, mantendo, assim, uma separação nítida do patrimônio individuado, como núcleo isolado de geração de renda. No apêndice da citada Resolução, se esclarece esta questão de forma expressa, quando se afirma: "Cumpre ressaltar que, sem autonomia patrimonial fundada na propriedade, os demais Princípios fundamentais perdem seu sentido, pois passariam a referir-se a um universo de limites imprecisos". Esta afirmativa deixa ainda mais evidente que a autonomia patrimonial é fundamental para que se possa estabelecer a verdade material sobre um unidade específica formada por elementos patrimoniais.

Logo, estes fundamentos, na verdade, deixam claro que se trata de verdadeiro postulado científico, mas a norma técnica brasileira o transforma em princípio, em virtude de exceções que a lei privada brasileira prescreve, v. g., a equivalência patrimonial prevista no art. 248 da Lei nº 6.404/76.

7.2.2. *Postulado da continuidade*

O postulado da Continuidade das Entidades é formado cientificamente como parte essencial da estrutura conceitual básica da Ciência Contábil, que:

"Encara a entidade como algo capaz de produzir riqueza e gerar valor continuamente sem interrupções. Na verdade, o exercício financeiro anual ou semestral é uma ficção determinada pela necessidade de se tomar o pulso do empreendimento de tempos em tempos. Mas as operações produtivas da entidade têm uma continuidade fluidificante: do processo de financiamento ao de estocagem de fatores de produção, passando

---
[101] Resolução CFC 750, art. 4º.

pelo uso desses no processo produtivo, até a venda que irá financiar novo ciclo e assim por diante".[102]

Na estruturação da norma técnica, fixada pelo art. 5º da Resolução citada, reafirmar-se este conteúdo, prescrevendo que a continuidade do processo de produção de lucro deve ser adotada como fator essencial do cálculo dos resultados, quer quanto à classificação e avaliação dos bens, quer como influência no registro dos ativos e vencimentos dos passivos, com vista a se obter a correta aplicação do princípio da Competência. Este princípio, como se verá, é que orienta a apuração estática do resultado.[103]

O postulado parte do fato pressuposto de que, isoladamente consideradas, as apurações periódicas, por exercício financeiro, constituem ficção. Este fato será de suma importância no momento da identificação do que a lei tributária atual conceitua como base de cálculo do Imposto sobre a Renda. Então se verá que o critério estático, considerando os levantamentos periódicos como resultados (mensal, semestral e anual), não se presta como base de cálculo definitiva do Imposto sobre a Renda, pelo simples fato de não se poder admitir a presunção da estipulação de um valor que constitucionalmente exige a constatação do fato concreto.

A quantificação do Imposto sobre a Renda, segundo a lei ordinária vigente, parte do pressuposto de que o resultado de um período, uma vez estabelecido, quase perde o elo de vinculação com outros resultados periódicos, afirmando o princípio da independência dos exercícios sociais, no que incide em erro total. Por isso trata a dedução dos prejuízos fiscais dos lucros futuros como se fossem meros benefícios reconhecido pela lei.

Na Ciência Contábil, ao contrário, os lucros constituem resultados não-definitivos. Ela os trata como cortes específicos, que podem ser afetados positiva ou negativamente nos períodos de apuração

---

[102] FIPECAFI e Arthur Andersen, *Normas e práticas contábeis no Brasil*, p. 50.
[103] "Art. 5º - A CONTINUIDADE ou não da ENTIDADE, bem como sua vida definida ou provável, devem ser consideradas quando da classificação e avaliação das mutações patrimoniais, quantitativas e qualitativas.
§ 1º A CONTINUIDADE influencia o valor econômico dos ativos e, em muitos casos, o valor ou o vencimento dos passivos, especialmente quando a extinção da ENTIDADE tem prazo determinado, previsto ou previsível.
§ 2º A observância do Princípio da CONTINUIDADE é indispensável à correta aplicação do Princípio da COMPETÊNCIA, por efeito de se relacionar diretamente à quantificação dos componentes patrimoniais e à formação do resultado, e de constituir dado importante para aferir a capacidade futura de geração de resultado" (Resolução CFC nº 750).

futura. A lei comercial brasileira preserva a identidade do patrimônio, que é único e universal, impondo que a perda de capital ocorrida num período seja imediatamente recomposta pelos futuros resultados (art. 189 parágrafo único, da Lei nº 6.404/76). Assim, esta recomposição tem por objetivo a preservação do capital, que constitui a garantia dos credores.

A lei tributária, contudo, reconhece reflexos de resultados passados no futuro quando admite, v. g., que se dê baixa de parcela residual de um bem ainda não totalmente depreciado, no momento em que é retirado, precocemente do uso.

A legislação atual do Imposto sobre a Renda, ver-se-á mais adiante, estabelece o critério de forma parcial e afirma a independência de cada resultado, enquanto um dos postulados da ciência que orienta esta apuração sob a ótica da verdade material estipula critério que deve observar a totalidade dos reflexos dinâmicos entre as apurações. Assim, a ótica sob a qual atualmente está posta a apuração do lucro tributável, em alguns aspectos, não atende à orientação ditada pelos critérios de apuração da base calculada da renda constitucional.

A par disso, como se viu, o patrimônio da pessoa sempre é constituído pela contraposição das obrigações com os direitos patrimoniais. Por isso, todas as demonstrações financeiras são meros cortes periódicos que representam a situação financeira histórica do investimento de recursos e sua recuperação por via de troca.

Estes resultados específicos, que serão estudados a seguir, efetivamente identificam riqueza nova, mas não podem ser tidos como definitivos, porque, dependem do conhecimento de eventos passados que ainda não se revelaram e que, por sua natureza podem afetar resultados futuros.

Com este argumento já seria possível afirmar que o único momento em que se pode ter certeza definitiva sobre o real patrimônio de uma empresa é após sua liquidação, quando já tiverem sido realizados, em moeda, todos os seus valores patrimoniais e liquidadas todas as suas obrigações.

Contudo, essa liquidação está posta em contradição com a própria natureza da pessoa jurídica. Toda empresa, quando se forma, recebe um bem patrimonial, que é separado juridicamente do patrimônio dos participantes da sociedade (postulado da Entidade).

No momento em que passa a integrar o patrimônio da pessoa jurídica, esse bem tem a finalidade jurídica e econômica de produzir lucro indefinidamente (postulado da Continuidade). A par disso, a atividade empresarial é contínua por natureza. A liquidação é o ato que determina a morte do negócio objeto da sociedade. Logo, não se insere em seu âmbito natural.

O balanço de liquidação constitui quantificação que se orienta por critério novo: abandona os valores históricos e adota os valores de mercado dos bens da empresa. No momento da extinção, alteram-se os valores do ativo. Os valores diferidos para apropriação em exercícios futuros, denominados ativos diferidos, serão apropriados imediatamente. Todos os estoques, ferramentas, máquinas, terão alterado o seu valor, que passará a ser o de mercado. O fundo de comércio, formado em torno do patrimônio e da entidade, quase sempre desaparece.

Logo, culmina-se num ponto que merece ser reenfatizado:

a) o critério contábil normal é o de continuidade da empresa, que adota o valor histórico dos bens;

b) o critério de liquidação abandona o valor histórico e inicia a apuração estática do patrimônio, que é tratado como espólio e passa a ser registrado por seu provável valor de venda.

Por conseguinte, a ótica pela qual deve ser visto e considerado este patrimônio é a que brota de sua natureza social - regulado pela lei comercial - e empresarial. Esta atividade geradora de renda foi incluída, tal como é, no sistema de referência do art. 153, III, da Constituição, uma vez, como se referiu, o intérprete não se pode afastar do fato real no momento em que aplica a norma geral e abstrata para construir a norma individual válida para cada caso concreto.

Esta afirmativa parece, de certa forma, exagerada. Mas, à medida que se leva em conta que renda é o resultado de uma atividade, ou seja, que o pressuposto da renda são os atos que a produzem, já se verifica que não há nada de estranho em se fazer tal constatação de forma direta.

Como o patrimônio está posto sob regime exclusivamente dinâmico, a avaliação contábil sempre terá esta natureza, porque ela expressa, em linguagem, o processo da produção de renda. O resultado deve ser considerado dentro desta condição, sob pena de se falsear a verdade. Cabe realçar este fato de natureza contábil com as características resumidas por José Luiz Bulhões Pedreira, nos seguintes termos:

"A característica da renda como ganho resultante de fluxo ressalta a diferença entre capital e renda. O conceito de capital representa algo estático, considerado tal como existe em determinado momento: é estoque (serviços ou valores financeiros) que pode ser fonte de fluxo, cujo resultado é renda. O conceito de renda pressupõe dinamismo de um fluxo - é ganho que resulta de um fluxo, e todo fluxo é movimento que ocorre no espaço e no tempo".[104]

Na obra *Normas e Práticas Contábeis no Brasil,* faz-se afirmação idêntica:

"Para a Contabilidade, a descontinuidade da entidade somente será reconhecida quando apresentadas fortes e decisivas evidências do fato, através da avaliação rigorosa da situação econômico-financeira da entidade. Nesse caso, os princípios contábeis fundamentais não se aplicam à entidade em descontinuidade da mesma forma que se faz com as em marcha".[105]

A par desses institutos, a Contabilidade, para representar com fidelidade as alterações que o processo de produção de renda provoca no âmbito patrimonial, calcula o resultado de cada período aplicando os princípios, que não admitem o surgimento do resultado antes de este se realizar de forma definitiva.

Assim, as trocas no mercado, para assumirem fundamento de uma mutação patrimonial quantitativa, devem ser legalmente respaldadas em um negócio jurídico, permitindo-se que a entidade, no momento em que faz a venda, substitua o bem patrimonial trocado pelo valor recebido, ou a ser recebido.

Quando a empresa adquire bens utilizados como fatores de produção - ativo imobilizado -, estima seus desgastes, representados pelo consumo econômico de serviços neles acumulados. Logo, mesmo que se faça a apropriação por uma média previsível, estes números são tidos, em cada período, como efetivos e verdadeiros, unicamente porque, pelo postulado da Continuidade, o que eventualmente for apropriado fora de uma realidade factual será refletido no futuro, por via de registros, quer de ativos maiores, como de passivos não registrados a tempo.

Este fato demonstra que o critério genérico dos registros contábeis é global e universal em relação ao patrimônio em seu todo, devendo-se considerar os resultados contábeis como cortes de partes pertencentes a um todo apurado por determinados critérios. Por isso, qualquer perda de valor ativo ocorrido e não registrado no

---

[104] *Finanças e demonstrações financeiras da companhia,* p. 229.
[105] FIPECAFI e Arthur Andersen, *Normas e práticas contábeis no Brasil,* p. 57.

passado, ao ser conhecido, será registrado no exercício em curso, em face do postulado da Continuidade e do princípio da Oportunidade, que será estudado adiante.

Destarte, os postulados contábeis efetivamente têm subjacentes critérios equalizadores de resultados dentro do período de existência da entidade, que, inclusive, poderá desaguar no ato definitivo de liquidação. Mas cabe realçar que, do contexto de postulado da Continuidade da Entidade, a liquidação está excluída.

Desse modo, fundamenta-se o que já se afirmou: que os cortes periódicos, feitos contabilmente, até pela própria ciência, com todos os seus ajustes e provisões, são estabelecidos com critérios específicos de presunções de valores. Esta presunção é mera decorrência lógica do próprio postulado da Continuidade, única forma científica encontrada para dar maior cunho de veracidade e objetividade às demonstrações contábeis, que, como se referiu, também têm natureza jurídica.

7.2.3. Postulado do valor constante da moeda

A normatização da questão relativa ao poder liberatório da moeda está contida no espaço compreendido pela competência legislativa da União - art. 48, XIV, da Constituição. Logo, esta norma, no pertinente à variação do valor da moeda, é aplicável somente às apurações de resultado comercial, campo no qual a lei tem o poder de fixar a unidade de medida e seu poder liberatório, adotando o princípio do Nominalismo. Pode, pois, transformar os objetos de relação jurídica em valores nominais, ou corrigi-los parcialmente. Contudo, este critério não é aplicável - como princípio - no âmbito da quantificação da base de cálculo do Imposto sobre a Renda, que deve ser constituída de fatores reais, que manifestem a efetiva capacidade contributiva do contribuinte, conforme se verá adiante.

A norma técnica citada - Resolução CFC 750 -, no seu art. 8º, introduz a necessidade da observância do princípio que denomina de Atualização Monetária. No seu item II, expressamente reconhece que é indispensável a manutenção do valor constante da moeda para se poder manter íntegro o registro dos valores originais.[106]

---

[106] No art. 8º, inciso III, mencionada Resolução CFC nº 750 prescreve: "para que a avaliação do patrimônio possa manter os valores das transações originais (art. 7º) é necessário atualizar sua expressão formal em moeda nacional, a fim de que permaneçam substantivamente corretos os valores dos componentes patrimoniais e, por conseqüência, o do próprio patrimônio".

Com efeito, não se pode quantificar um patrimônio a partir de registros históricos feitos em moeda de valor não constante, em períodos longos, numa economia em que há inflação.

Pense-se numa máquina que deve ser depreciada num período de dez anos. Se for depreciada com base no seu valor nominal de aquisição (valor não-constante), numa desvalorização anual de 10%, ao final de cinco anos a depreciação passará a ser feita pela metade do seu valor real. Logo, a Contabilidade estabelecerá um mero valor formal, que não representa a realidade. O processo de produção será onerado com o custo de somente uma parcela do valor despendido para a compra do equipamento em questão.

Num exemplo mais radical: pense-se na venda de um imóvel, adquirido há mais de 20 anos, que tenha o ganho de capital respectivo apurado em moeda, de valor variável, depreciado pela inflação. O valor pago, que servirá de contrapartida para calcular o acréscimo patrimonial, será totalmente inferior ao que efetivamente foi aplicado na sua compra. A não correção do valor despendido na compra implica tributação do próprio capital empregado.

Já se demonstrou que a moeda é medida patrimonial. Em outros termos, expressa - significa - valores: mede-se o patrimônio, como se medem - distâncias, pesos, etc. Imagine-se que seja admitida uma variação do peso, no quilograma, ou da distância, representada pelo metro. Isto estabeleceria o caos em termos de medida e implicaria impossibilidade de se compararem estas medidas, tomadas no tempo, como verdade. A medida teria significado diferente. Quando se usa um termo que tem significados diferentes no tempo histórico, não se consegue, com ele, manifestar uma verdade. Este raciocínio cabe também com inteira propriedade ao se medir o patrimônio. De que forma medir valor real, materialmente demonstrado - como exige o texto constitucional -, sem que se conte com uma medida fixa de valor? A única forma concreta de se atingir, mediante um cálculo, o valor concreto de renda, informado pelo critério da universalidade, é por via de uma medida de valor constante. Cabe não olvidar a lição de Inocêncio Mártires Coelho,[107] que traduz as palavras de Michel Bréal, na obra *Essai de Sémantique - Science des Significations*, 1913, p. 146:

> "Se é verdade que *novas acepções* atribuídas a um mesmo termo equivalem à criação de *termos novos* - tanto que devemos repetir as palavras idênticas quando as utilizamos, proxima-

---
[107] *Interpretação constitucional*, p. 39.

mente, com sentidos diversos -, se isso for verdadeiro, então parece lícito concluir que, a rigor, quando juízes e tribunais emprestam sentidos novos a um mesmo enunciado normativo, em verdade estão a produzir novos enunciados, embora mantendo inalterada a sua roupagem verbal."

Para melhor compreender este tema, cabe reiterar a diferença entre lucro e renda. O lucro é regulado por lei privada, campo no qual o legislador tem poder de estabelecer presunções, ficções e toda uma ordem de moldura̧ão necessária aos fins que entende devam ser atingidos. Logo, não se tem inflexibilidade, ao contrário, têm-se valores jurídicos ponderáveis, consubstanciados nos princípios.

Mas, na apuração do valor renda, por ser obrigatoriamente real, há uma diferença substancial, que, no caso específico, se situa exatamente na impossibilidade de se ter um princípio (ponderável) que oriente o valor da medida patrimonial. O único processo que permite estabelecer o valor renda, orientado pelo princípio da verdade material, de forma concreta, dentro do postulado da Entidade e da Continuidade, é a adoção de uma medida de valor constante. Logo está fundamentada a necessária adoção de mais um postulado, que deve servir de critério de cálculo do valor renda.

Cada bem usado no processo de produção de renda tem tratamento individual e deste é que decorreram as situações fáticas definitivas em termos contábeis. Em outras palavras, a condição de se obter a verdade material sobre determinada unidade patrimonial implica aplicar a Identidade, a Continuidade e o Valor Constante da Moeda como postulados em relação a cada um dos elementos que compreende o ativo da entidade.

No momento em que se admitir qualquer elasticidade nos parâmetros de medida, como ocorre na aplicação da lei comercial nacional, na apuração dos balanços, perde-se a cientificidade que fundamenta a certeza quanto à concretude material das quantificações patrimoniais.

7.3. Os princípios contábeis

Os princípios contábeis consubstanciam os critérios da quantificação de consumo de serviços - que é a realidade econômica factual causada pelo processo de produção de renda - e a obtenção da riqueza nova decorrente da troca. Nesta contraposição de custos - serviços consumidos - e receitas vinculadas aos fatos econômicos causadores de mutação patrimonial encontra-se, como já se referiu, o núcleo de geração de produto de capital, representado em moeda, que se denomina *renda*, constituída por um acréscimo de valor obtido por meio de trocas.

Uma vez estudados os postulados, cabe, pois, examinar os princípios.

7.3.1. Princípio do registro pelo custo de aquisição[108]

Explicita a norma técnica mencionada acima, no seu art. 7º,[109] que o patrimônio deve ser registrado pelo seu valor de aquisição, que se mantém até o momento da realização do bem por consumo no processo, ou por alienação. Este princípio está inclusive prescrito no art. 183, incisos I a VI e seus parágrafos, da Lei nº 6.404/76 como aplicável a todas as avaliações dos elementos ativos do balanço.

Por este princípio, o valor a ser registrado contabilmente é o custo de aquisição de todos os elementos do ativo, que representa o valor patrimonial despendido, ou seja, o investimento de renda acumulada para adquirir o bem e que servirá de base de apropriação contábil do custo de seu consumo ou realização por via de troca.

---

[108] O princípio do custo como base de valor: "O custo de aquisição de um ativo ou dos insumos necessários para fabricá-lo e colocá-lo em condições de gerar benefícios para a entidade representa a base de valor para a contabilidade, expresso em termos de moeda de poder aquisitivo constante" (FIPECAFI e Arthur Andersen, *Normas e práticas contábeis no Brasil*, p. 51).

[109] "Art. 7 º: Os componentes do patrimônio devem ser registrados pelos valores originais das transações com o mundo exterior, expressos a valor presente na moeda do País, que serão mantidos na avaliação das variações patrimoniais posteriores, inclusive quando configurarem agregações ou decomposições no interior da ENTIDADE. (Resolução nº 750 CFC).
Parágrafo único. Do Princípio do REGISTRO PELO VALOR ORIGINAL resulta:
I - a avaliação dos componentes patrimoniais deve ser feita com base nos valores de entrada, considerando-se como tais os resultantes do consenso com os agentes externos ou da imposição destes;
II - uma vez integrado no patrimônio, o bem, direito ou obrigação não poderão ter alterados seus valores intrínsecos, admitindo-se, tão-somente, sua decomposição em elementos e/ou sua agregação, parcial ou integral, a outros elementos patrimoniais;
III - o valor original será mantido enquanto o componente permanecer como parte do patrimônio, inclusive quando da saída deste;
IV - os Princípios da ATUALIZAÇÃO MONETÁRIA e do registro pelo valor original são compatíveis entre si e complementares, dado que o primeiro apenas atualiza e mantém atualizado o valor de entrada;
V - o uso da moeda do País na tradução do valor dos componentes patrimoniais constitui imperativo de homogeneização quantitativa dos mesmos" (Resolução CFC nº 750).

Dois fatores se irradiam neste ponto: o primeiro, como se demonstrou, é a moeda como medida do valor econômico; o segundo, a moeda como depósito de valor. No caso de se apropriar valor diferentemente, poder-se-á incidir em duas hipóteses:

a) o registro inferior ao do custo - v. g., sem correção monetária - configuraria omissão de recursos, o que falsearia o resultado;

b) em caso de registro a valor superior ao de custo de aquisição, desde logo estaria sendo reconhecido um resultado positivo falso sem fundamento na troca.

7.3.2. Princípio da prudência

Por este princípio se determina que se reconheçam, no correr do processo de produção, todos os eventos que implicam perdas patrimoniais, imediatamente. Neste sentido, os incisos I, II, III e IV do mencionado art. 183 da Lei nº 6.404/76 ressalvam que, quando o valor real dos ativos for menor que o de aquisição, o critério de avaliação terá de ser o menor. Assim se, v. g., ocorrer a compra de um produto que sofre danificação na empresa, de forma a diminuir seu valor, esta perda deve ser imediatamente reconhecida pela Contabilidade, porque representa evento capaz de implicar perda patrimonial.

Contudo, se ocorrer o contrário, v. g., caso se adquira um bem e seu preço imediatamente se eleve, mesmo que consideravelmente, em face deste princípio deverá manter-se o valor de compra, até para não violar o princípio da realização da receita, que exige, como pressuposto do resultado, a prévia ocorrência da realização por via de uma venda mediante a qual se promoverá a obtenção dos direitos patrimoniais novos.

O princípio da Prudência, denominado também de convenção do Conservadorismo,[110] prescreve a escolha que apresentar o menor valor atual para o ativo e o maior para as obrigações. Com este critério adotado pela Lei nº 6.404/76, na forma já mencionada, se busca representar com fidelidade a situação patrimonial efetiva.[111]

---

[110] A convenção do Conservadorismo: "Entre conjuntos alternativos de avaliação para o patrimônio, igualmente válidos, segundo os princípios fundamentais, a contabilidade escolherá o que apresentar o menor valor atual para o ativo e o maior para as obrigações" (FIPECAFI e Arthur Andersen, *Normas e práticas contábeis no Brasil*, p. 63).

[111] A norma técnica - Resolução CFC nº 750 - no seu art. 10. esclarece: "O Princípio da PRUDÊNCIA determina a adoção do menor valor para os componentes do ATIVO e do maior para os do PASSIVO, sempre que se apresentarem alternativas

7.3.3. Princípio da oportunidade

Outro princípio que orienta e fixa critérios para proceder aos registros contábeis é o da Oportunidade, segundo o qual todas as mutações patrimoniais, sejam qualitativas ou quantitativas, devem ser promovidas no momento em que se manifestam.[112]

7.3.4. Princípio da competência

O *princípio da Competência*,[113] também denominado princípio do Confronto das Despesas com as receitas dentro de cada período contábil, implica impor, até os limites de cada período, a simetria de apropriação dos custos dos produtos vendidos com relação às respectivas receitas.

---

igualmente válidas para a quantificação das mutações patrimoniais que alterem o patrimônio líquido.
§ 1º - O Princípio da PRUDÊNCIA impõe a escolha da hipótese de que resulte menor patrimônio líquido, quando se apresentarem opções igualmente aceitáveis diante dos demais Princípios Fundamentais de Contabilidade;
§ 2º - Observado o disposto no art. 7º, o Princípio da PRUDÊNCIA somente se aplica às mutações posteriores, constituindo-se ordenamento indispensável à correta aplicação do Princípio da COMPETÊNCIA;
§ 3º - A aplicação do princípio da PRUDÊNCIA ganha ênfase quando, para a definição dos valores relativos às variações patrimoniais, devem ser feitas estimativas que envolvem incertezas de grau variável."
[112] "O art. 6º da norma técnica esclarece: "O Princípio da OPORTUNIDADE refere-se, simultaneamente, à tempestividade e à integridade do registro do patrimônio e das suas mutações, determinando que este seja feito de imediato e com a extensão correta, independentemente das causas que as originaram.
Parágrafo único. Como resultado da observância do Princípio da OPORTUNIDADE:
I - desde que tecnicamente estimável, o registro das variações patrimoniais deve ser feito mesmo na hipótese de somente existir razoável certeza de sua ocorrência;
II - o registro compreende os elementos quantitativos e qualitativos, contemplando os aspectos físicos e monetários;
III - o registro deve ensejar o reconhecimento universal das variações ocorridas no patrimônio da ENTIDADE, em um período de tempo determinado, base necessária para gerar informações úteis ao processo decisório da gestão" (Resolução CFC nº 750).
[113] O princípio de Confronto das Despesas com as Receitas e com os Períodos Contábeis: "Toda despesa diretamente delineável com as receitas reconhecidas em determinado período, com as mesmas deverá ser confrontada; os consumos ou sacrifícios de ativos (atuais ou futuros), realizados em determinado período e que não puderem ser associados à receita do período nem às dos períodos futuros, deverão se descarregados como despesa do período em que ocorrerem" (FIPECAFI e Arthur Andersen, *Normas e práticas contábeis no Brasil*, p. 59).

Este princípio traça critérios que permitem a apuração do resultado periódico e está prescrito na Lei nº 6.404/76, no art. 187 e seus parágrafos. Além de impor o confronto direto entre os serviços consumidos com os bens vendidos e as receitas auferidas, num determinado período temporal, ainda impõe apropriar, como despesa do período, os demais sacrifícios de ativos ocorridos que não possam ser associados diretamente à receita do período, ou de períodos futuros.[114] Este princípio é fundamental para deslindar a questão relativa à tributação por períodos temporais e passará a ser reiteradamente discutida até o final deste discurso.

7.3.5. Princípio da realização da receita

Por este princípio[115] somente se admite o registro da alteração do custo incorrido para produzir um bem, reconhecendo a receita,

---

[114] O art. 9º da Resolução nº 750, prescreve: "As receitas e as despesas devem se incluírem na apuração do resultado do período em que ocorrerem, sempre simultaneamente quando se correlacionam, independentemente de recebimento ou pagamento.
§ 1º - O Princípio da COMPETÊNCIA determina quando as alterações no ativo ou no passivo resultam em aumento ou diminuição das mutações patrimoniais, resultantes da observância do princípio da OPORTUNIDADE.
§ 2º - O reconhecimento simultâneo das receitas e despesas, quando correlatas, é conseqüência natural do respeito ao período em que ocorrer sua geração.
§ 3º - As receitas consideram-se realizadas:
I - nas transações com terceiros, quando estes efetuarem o pagamento ou assumirem compromisso firme de efetivá-lo, quer pela investidura na propriedade de bens anteriores pertencentes à ENTIDADE, quer pela fruição de serviços por esta prestados;
II - quando da extinção, parcial ou total, de um passivo, qualquer que seja o motivo, sem o desaparecimento concomitante de um ativo de valor igual ou maior;
III - pela geração natural de novos ativos independentemente da intervenção de terceiros;
IV - no recebimento efetivo de doações e subvenções.
§ 4º - Consideram-se incorridas as despesas:
I - quando deixar de existir o correspondente valor ativo, por transferência de uma propriedade para terceiro;
II - pela diminuição ou extinção do valor econômico de um ativo;
III - pelo surgimento de um passivo, sem o correspondente ativo" (CRC, *Princípios fundamentais de contabilidade e normas brasileiras de contabilidade*, p. 24).
[115] O princípio da Realização da Receita: "A receita é considerada realizada e, portanto, passível de registro pela contabilidade, quando produtos ou serviços produzidos ou prestados pela entidade são transferidos para outra entidade ou pessoa física com a anuência destas e mediante pagamento ou compromisso de pagamento especificado perante a entidade produtora" (FIPECAFI, Arthur Andersen, p. 55).

quando já tenha ocorrido a transferência do bem ao comprador, por via de negócio de venda, mediante pagamento efetivo ou promessa juridicamente consubstanciada de fazê-lo (art. 187, § 1º, alínea *a*, da Lei nº 6.404/76). Há duas formas de realização: a que se dá pelo uso dos serviços nele contidos nos bens; e a que ocorre na venda. Quando ocorre o uso tem-se um processo da transferência de utilidade, a que se fez menção acima. Adquire-se energia elétrica, que é instantaneamente consumida; o recurso aplicado é realizado pelo consumo. Utiliza-se uma máquina, apropria-se uma quantidade de serviços proporcionais a uma previsão média de uso - denominada depreciação - e se transfere o valor acumulado de serviços para os bens em produção. Paga-se salário de empregados, que trabalham na produção; o valor da moeda é transferido - como utilidade - para o bem produzido. Assim, tem-se uma realização interna de um bem, no sentido de transferência interna de serviços de um bem para outro, que se denomina consumo de renda. Logo, esta espécie de realização está vinculada ao consumo - destruição de bens -, que constitui uma etapa da produção de renda acumulada. Trata-se do fluxo econômico de consumo de serviço, que a Contabilidade denomina mutações qualitativas.

O segundo tipo de realização ocorre quando se troca o bem patrimonial - no mercado - com terceiros, gerando fluxo financeiro de acúmulo - transferência - de renda. Aqui há a realização pela troca, e não pelo consumo. A troca é, pois, o núcleo que transfere renda - uma mais-valia - para o que produz renda. O produtor, antes da troca, tinha um patrimônio, que foi transferido a um terceiro, que, em troca, entregou mais moeda do que custou o bem. Esta substituição de um valor do bem, registrado contabilmente pelo custo de produção, por outro, em virtude de negócio jurídico, é que gera a renda.

Cabe ter em mente que realização da receita é critério contido no princípio da Competência, que não se pondera com os demais. No caso, não se aplica o princípio da Oportunidade quando há aumento de preços dos valores em estoque. Não importa se houve um aumento de preços dos bens em estoque no mercado, no final do período. O lucro decorrente das futuras vendas destes bens somente surge no momento em que estas ocorrerem, atendendo ao critério da realização da receita, também contido no princípio da Competência.

À medida que os bens são vendidos, apura-se o resultado, contrapondo os custos e as receitas, permanecendo em estoque tudo o que não foi vendido.

Assim, no final de um período, todos os valores agregados nos bens não vendidos não modificam o resultado. Os bens adquiridos e ainda não utilizados na produção, em face do princípio *custo como base da aquisição*, são tidos como mero estoque. Por este critério, os recursos investidos nos bens produzidos e não vendidos constituem mera mutação qualitativa, que não gera qualquer alteração numérica patrimonial.

7.4. Discussão dos critérios de apropriação dos valores contábeis

Uma vez descritos os postulados e princípios contábeis nos seus aspectos gerais e individuais, passa-se a discutir sua aplicação conjunta nos registros das apropriações patrimoniais qualitativa e quantitativa, decorrentes pelo processo de produção de renda.

Os bens duráveis, como se afirmou, têm sua vida útil presumida, por período de uso em que ficam vinculados à produção. O custo da depreciação, da amortização e da exaustão (art. 183, § 2º, da Lei nº 6.404/76) é fixado, então, em razão deste período, e é apropriado contabilmente à medida que ocorre o consumo do bem. Contudo, este custo é aproximado, como se referiu, uma vez que se presume o período de uso por médias feitas com base em dados concretos. Esta média de uso, presumida, de um bem permite que se calcule, em cada exercício, o custo de depreciação, que é considerado um consumo que se agrega aos bens produzidos no período correspondente. Assim, se a previsão de duração de um bem é de dez anos, em cada um destes períodos se apropria 10% do seu valor efetivo como custo dos produtos produzidos.

Há casos em que um bem permanece em uso por anos seguidos após ter sido totalmente depreciado. Logo, o bem continua gerando utilidade, após ter sido realizado contabilmente, o que implica que a média de uso adotada para transferir as utilidades econômicas foi menor que a realidade. Assim, esta dessincronia do consumo efetivo e a apropriação gerou, no caso, uma apropriação antecipada de consumo, implicando mais custo, em cada período, e, conseqüentemente, menor renda. Neste caso, o desgaste foi menor que o apropriado, e, em face disto, o resultado tributado passa a ser menor do que o efetivo. Há situações, também, em que o bem se tornou imprestável muito antes de findar o tempo de uso previsto, e, neste caso, há uma tributação de renda superior à efetivamente ocorrida, uma vez que parte de uma perda correspondente a cada período não foi deduzida do resultado.

Pelo postulado da Continuidade se pressupõe uma vida útil de um bem de produção, e, com base nesta presunção do uso, se registra a depreciação. Identificado um fato novo - no caso, a imprestabilidade precoce do bem para o uso, - incide o princípio da Oportunidade, e registra-se a perda de todo valor ainda não depreciado imediatamente. Assim, este registro passa a se vincular também ao princípio da Competência, promovendo-se a baixa contábil do bem no exercício em que se constatou sua inutilidade. Apropria-se imediatamente o consumo dos recursos do valor ainda não apropriado, e que corresponderia, segundo a previsão de sua duração, aos exercícios seguintes.

Assim se onera o último exercício com todo o valor residual que remanescia no estoque de recurso e que, em face da imprestabilidade econômica constatada, deveria ter sido apropriado, proporcionalmente, nos períodos anteriores. Este fato permite constatar que, efetivamente, a apropriação contábil de uso dos bens de produção não tem caráter definitivo em cada exercício. Estes cortes são feitos para que se possa ter um valor periódico aproximado do patrimônio da empresa. Aqui é que reside o fundamento do postulado da Continuidade.

A Contabilidade, então, tem um critério de registro de uso dos bens para adequar-se a situações em que se torna impossível a medição exata. Esta aplicação de médias de uso, por via de presunção, é que contamina a liquidez dos resultados parciais. Para remover a presunção e alcançar a verdade material, dentro do processo dinâmico - não estático -, no decorrer do fluxo de renda, é que se fixam os critérios consubstanciados nos princípios.

No caso mencionado, o valor total da perda constatada na realidade deveria ser retificador dos resultados passados porque, de fato, seu consumo total se deu nos exercícios passados. Mas, para que tal ato não ocorra, contaminando a segurança jurídica quanto aos resultados já apurados, a diferença a menor dos custos apropriados será absorvida pelos resultados futuros.

Paralelamente a isso, os bens de produção, mesmo os de realização mais demorada, como de vendas dos terrenos e certas participações societárias, em face do princípio do registro pelo valor original, são contabilizados pelo preço de aquisição, não se fazendo qualquer alteração antes de sua venda, mesmo que venham a se valorizar. Como se viu, o valor que se lhes vai agregando pelo mercado será refletido no lucro, no momento em que este bem é realizado por venda, que é o marco jurídico da respectiva aquisição patrimonial nova, denominada renda. Este é o momento em que a capacidade contributiva se materializa.

Assim, no momento da alienação, canalizam-se a um só exercício acréscimos ou decréscimos materiais gerados às vezes por diversas décadas. Aqui se surpreende com mais nitidez a fragilidade da consistência plena dos resultados contábeis isoladamente considerados.

Todos esses eventos que provocam a incerteza quanto aos valores da renda calculado se inserem no contexto da constituição, mais precisamente, no processo da apuração necessária à formação da base calculada de renda, que nada mais é do que a base impositiva do imposto. A legislação não pode fazer de conta que tais fatos inexistem, essencialmente porque há o dever prescrito de apurar a base calculada orientada pelo princípio da verdade material, informada pelo critério da universabilidade.

Ressalta, então, que do Princípio da Competência não se denota qualquer fundamento a afirmar que o resultado parcial signifique verdade plena e definitivamente estabelecida. Ao contrário, no momento em que se define a competência de registro de uma perda definitiva, num exercício que, em parte, ocorreu nos períodos passados, já se deixa claro que os registros de cada período têm este caráter de estarem sujeitos a implicar perdas ou ganhos futuros que deverão ser reconhecidos à medida que os fatos, seus causadores, forem conhecidos.

Com isto afirma-se expressamente que os resultados positivos constatados num período poderão ser, inclusive, anulados por fatores ocorridos no passado, e que não eram conhecidos no momento da apuração dos resultados periódicos. O postulado da Continuidade assimila exatamente os fatores deste contexto. Sem que se considere esta propriedade dos valores periódicos lançados, não se têm condições de formar o cálculo informado pela verdade material.

Esses fatos deixam evidente que o critério denotado pelo princípio de Competência não permite fundamentar nele qualquer afirmação de que cada resultado de período revela a situação patrimonial concreta e definitiva de um patrimônio. Ao contrário, é neste critério que desembocam os fatores que determinam a adoção do postulado da Continuidade, como forma de estruturação científica desta ciência, que somente admite os valores periódicos com certa dose de precariedade.

Em face disso, o critério que orienta o regime consubstanciado no princípio da Competência não permite que se afirme, como o faz a lei tributária brasileira, a independência dos resultados como verdade material plenamente isolada, o que implica tipificação da presunção da base de cálculo do Imposto sobre a Renda.

8. Consolidação dos argumentos sobre o termo renda

8.1. Reflexos da metodologia adotada

A Carta Política, ao estabelecer o conceito de renda, adota o evento concreto, real, como hipótese que, se ocorrida, pode desencadear a relação jurídica respectiva que causa a obrigação de pagar o imposto.

Há que reenfatizar que o direito é constituído de uma linguagem. Logo, a Ciência Jurídica, que tem como objeto a linguagem dos textos legais, é constituída de uma linguagem de segundo nível -linguagem sobre linguagem. Todavia, para o aplicador das normas gerais, constituídas a partir dos textos legais, não há linguagem de segundo nível, mas de primeiro. O intérprete identifica, operativamente, o critério legal para o caso concreto e o objetiva como norma com caráter prescritivo. Assim o intérprete não descreve, não reproduz, mas constrói a norma para o caso individual. Assim o intérprete não se situa fora do contexto de aplicação do direito. Ao contrário, insere-se nele como mediador entre a norma geral e abstrata e a norma individual e concreta. Aqui se surpreende o ponto essencial entre a metodologia de interpretação que prepondera na doutrina brasileira e a que adotamos. Pela primeira, o intérprete descreve e reproduz a norma já contida no sistema jurídico. Está fora do contexto, na condição de mero observador, e só constata a existência das normas.

Entretanto, o sistema jurídico é composto por normas gerais abstratas que devem ser individuadas em cada caso isolado. Nesta concretização, no caso do imposto de renda depende do fato real que se insere no contexto, na camada profunda da linguagem, a partir da qual se constrói a norma individual e concreta. Assim há um plano composto de dois subplanos normativos: a) o que contém as prescrições gerais aplicáveis atendendo os critérios da generalidade e universalidade; b) o subplano da norma individual, que tem eficácia para um só caso concreto.

Para explicitar melhor este tema cabe lembrar o que leciona Eros Roberto Grau: "Nisto é que os conceitos jurídicos distinguem-se dos conceitos essencialistas e especialistas: o conceito essencialista, expressado, é o signo de uma coisa; seu objeto é a coisa; está no lugar da coisa; é o primeiro signo do objeto.[116] O conceito jurídico expressado, é o segundo signo de um primeiro signo".

Como já referimos, não concordamos com esta postura metodológica. A nosso entender, o conceito essencialista nada mais é do que um retrato da coisa, produzido por via de narração enquanto o conceito da linguagem científica, e jurídica, é meramente descritivo de um objeto. Neste sentido leciona Lúcia Santaella:[117] "(...) enquanto na linguagem descritiva estamos diante do registro verbal dos 'sentidos de qualidade' que as coisas despertam em nós, na narração diante do registro dos atos concretos, experiências singulares".

Esta realidade efetivamente faz com que os objetos representados com o gênero sejam traduzidos em linguagem, como gênero ou espécie, pelos preceitos legais, e estes, a sua vez, no momento a construção da norma individual devem ser narrados como eventos ontológicos. Assim, a coisa, estado ou situação a que se refere a lei, no momento em que se aplica o direito ao caso concreto, deve ser decidida a partir da existência desta coisa, estado ou situação concreta. Cabe levar em consideração que toda coisa, para existir juridicamente, depende de expressão - narração - em linguagem. Por via desta é que se torna presente qualquer objeto. Por isso o conceito jurídico, a nosso entender é essencialista como signo da hipótese genérica, que deve ser narrado pelo intérprete para ser incluído como hipótese na concretização da norma individual como evento real. O real sempre esta subjacente à palavra que o representa. "O real é impossível de se simbolizar significativamente".[118]

Em outras palavras, o significado do termo *renda* deve ser identificado no âmbito da Constituição, tal qual ela o descreve: com os elementos que enunciam esta significação. Mas, no momento em

---
[116] *Direito Posto e Direito Pressuposto*, p. 146.
[117] *Produção de linguagem e ideologia*, p. 194.
[118] Lenio Luiz Streck, *Hermenêutica jurídica e(m) crise: uma exploração hermenêutica da construção do direito*, p. 206.

que se aplica a legislação ao caso concreto, o intérprete deve ter em mente que o pressuposto - contido na legislação - que faz surgir a relação tributária é a renda real já existente. Deve transpor, em linguagem, para a norma individual esta situação real. Com isto se reenfatiza que não há somente um termo teórico; há que haver uma hipótese factual efetivamente ocorrida, que contenha o conjunto de elementos que integram o conceito renda como se fosse o espelhamento da coisa real.

Vale afirmar que os elementos que participam da formação do conceitos jurídicos são os mesmos que definem o fato concreto ontológico, tão-somente o plano desta linguagem se divide em dois subplanos: a) o prescritivo que enuncia o gênero renda; b) a norma individual que deve ter como hipótese o fato real ocorrido. Em face disto, a autorização de tributar pressupõe a ocorrência do fato real (hipótese que desencadeia a relação jurídica), cuja existência material deve ser constatado, e narrada pelo aplicador da lei. Está, pois, afastada a mera formulação teórica. Em outros termos, o aplicador deve fundamentar a hipótese a partir de critérios materiais, e não só presunções formais.

Justifica-se, então, o estudo do evento renda no plano factual tão-somente para formular uma suma de idéias que formam o conceito essencialista de renda, sob o ponto de vista econômico-constitucional.

Assim, os elementos concretos que integram o rol desta nova suma de elementos, que constituem a significação do termo *renda* constitucional, foram identificados em dois subplanos distintos, unicamente para serem reunidos para compor agora esta nova significação.

Surge então um ponto vital para o direito tributário, qual seja: a Constituição, quando adota o princípio da realidade material para definir a base de cálculo dos impostos, efetivamente introduz, no âmbito do conceito constitucional, o primeiro signo do que é renda. Ou seja: o conceito de renda está preso a uma riqueza nova, na condição de evento concreto. Esta condição de conceito essencialista prende a natureza do imposto a sua base de cálculo. Estes elementos reais que compõem a hipótese de renda, para serem concretizados, dependem da formulação de critérios de cálculo que constituem os elementos que a manifestam como evento singularizado. Sem que se estabeleçam (estes critérios), não se têm condições factuais de, a partir do conceito teórico, criticar a base calculada real.

Neste contexto é que se demonstra a importância da nova metodologia da interpretação. Neste mesmo sentido leciona Lenio Luiz Streck, que, com fundamento em Martins Heidegger e Hans Georg Gadamer, afirma: "A linguagem não é, pois, um objeto, um instrumento, enfim, uma terceira coisa que se interpõe entre o sujeito e o objeto. Quando o jurista interpreta, ele não se coloca diante do objeto, separado deste por 'esta terceira coisa' que é a linguagem; na verdade, ele está desde sempre jogando na lingüisticidade deste mundo do qual ao mesmo tempo fazem parte ele (sujeito) e o objeto (o Direito, os textos jurídicos, as normas etc.)".[119]

Ilustra-se este tema com exemplos práticos. Caso um elemento factual, v. g., troca de um bem, não ocorra, não há como caraterizar o processo de acumulação de renda, no sentido que a Carta dá ao termo para efeito de tributação, por carência de um dos elementos essenciais. Não havendo o fato jurídico que consubstancia a renda, conseqüentemente está ausente um acréscimo de patrimônio, concretamente identificável. Outro exemplo: mesmo tendo ocorrido a troca, mas se for certo o não-recebimento do valor correspondente à receita do bem vendido, isto também descaracteriza a renda e implica perda.

Um último exemplo: diante de uma transferência de utilidade no processo de acumulação de renda, com destruição de um equipamento por depreciação, não se pode vedar a apropriação da respectiva perda, sob pena de prática de violação da Constituição.

Esses poucos exemplos já deixam marcado que toda ocorrência factual, dentro do processo de produção, se reflete no resultado tributável.

Com isso se afirma, com fundamentos plenos, que a renda decorre de uma base calculada real, que emerge da contraposição do consumo da renda acumulada - despesa - com a receita recebida em troca.

Esta afirmativa implica a impossibilidade de o legislador condicionar a dedutibilidade de qualquer gasto realizado dentro do processo de produção que tenha vinculação com ação especulativa que vise à obtenção de ganhos.

Segundo a metodologia que adotamos, a Carta, como já se mencionou, amarra o significado do termo *renda* neste núcleo, em que se contrapõe todos os valores reais do consumo de capital ao que foi recebido em troca na venda. Tanto os consumos como as

---
[119] Id. ibid., p. 242.

receitas devem estar informados pelos critérios da generalidade e da universalidade.

Estes elementos que devem ocorrer no mundo fenomênico fundamentam todo o controle de poder de tributar da União. Estes eventos contrapostos não podem ser expressos em linguagem, mas constituem a hipótese compreendida na linguagem como causa que desencadeia a relação jurídica. Logo, a Constituição enuncia o próprio ser, que, no contexto em que nasce a obrigação tributária, deve ser coisa real.[120]

Com isso quer-se afirmar que há, formulado na Carta, um juízo indicativo, em que se utiliza o termo *renda*, como forma de controle do poder de tributar, e como tal está preso, depende, de ocorrência dos eventos reais, que caraterizam a renda como fenômeno real.

Estas amarras são postas de diversas formas, uma das quais, adianta-se -, é a capacidade contributiva. Sem renda real não poderá haver capacidade para pagar tributo. Com estes argumentos se realça mais uma vez a importância que tem a formulação dos critérios que estruturam o cálculo do valor renda por via das quais esta materialidade será observada e controlada.

8.2. O evento renda

Já se constatou que, cientificamente, a fruição de serviços consiste num ganho, num benefício, para o seu fruidor. Já no primeiro momento se verificou, pelo prisma exclusivamente econômico, em plano genérico, que a renda é reconhecida como um ganho de utilidade juridicamente identificado com um acréscimo de patrimônio, que tem conteúdo econômico: é algo - é uma coisa - que não se tinha e se passa a ter. Num passo adiante, constatou-se que a economia identifica três espécies de renda:

a) renda consumida;
b) renda acumulada;
c) renda transferida.

---

[120] Lenio Luiz Streck anota: "Com os aportes do novo paradigma hermenêutico aqui defendido, sustentado nas concepções heideggerianas-gadamerianas, essa relação objetificante pode/deve ser rompida, introduzindo-se uma relação entre o operador-intérprete do Direito e as normas/fatos sociais mediante uma ontologia fundamental onde o *Dasein* não é contraposto ao mundo das coisas e nem dele está apartado, mas, sim, o *Daisen* é só - pode ser junto com as coisas." Id. ibid., p. 241.

A renda consumida, viu-se também, somente pode ser medida a partir do ato de consumo, com base nos valores aplicados na sua aquisição pelo consumidor, pelo simples fato de não se ter mecanismo de medida da satisfação do fruidor, genericamente considerado. Por isso se instituiu um postulado que afirma que a medição de renda consumida se faz pelo valor dos bens que estão na origem do fluxo de consumo, e não incluem o serviço próprio do consumidor.

A Economia, por não ter condições de medir, ou seja, não ter mecanismos de linguagem para representar este gozo, o exclui do âmbito de medição. Por isso as utilidades que o próprio consumidor agrega ao serviço que consome não são considerados renda.

Somente este detalhe já é suficiente para se poder afirmar a intributabilidade, pelo imposto de renda, da fruição dos próprios bens pela pessoa física.

O consumo de renda implica consumo de patrimônio já existente. Tributar este ato como elemento isolado implica imposto sobre o consumo de bens. Por isto este evento, o ato de consumir bens, está fora de cogitação quando se fala em tributação da renda. Trata-se de hipótese de outros impostos.

O citado postulado da ciência econômica é fundamental no deslinde do nosso estudo, uma vez que revela um critério de quantificação de renda da pessoa jurídica, a partir do valor que é pago pela aquisição do bem. Renda, como acréscimo patrimonial, é a diferença entre o que se pagou na aquisição e o valor obtido na venda. Com isto se constata que a contraposição do denominado princípio do registro do valor original com o princípio da realização constitui um dos critérios essenciais de quantificação da base calculada de renda como ser real.

Tratando-se do ato de acumular renda, identifica-se, então, um pressuposto deste aumento de patrimônio: o negócio jurídico. Sem o negócio jurídico da troca, há inviabilidade de transferência de renda, que pressupõe o surgimento de um novo direito, patrimonial, como acréscimo de determinado patrimônio. Tem-se pois um segundo elemento a compor o evento renda.

Assim, o aumento da renda depende de um negócio jurídico, sem o qual o patrimônio, juridicamente considerado, não se altera. Neste núcleo se centra a questão da separação da renda por via da realização, que será objeto de comentários adiante.

Esta segunda espécie - renda acumulada- tem o mesmo significado de patrimônio. Contudo, a renda acumulada é constituída de uma reunião de parcelas de renda, consideradas em conjunto. Para acumular renda, necessita-se de renda nova, algo novo, que implica a obtenção de aumento de patrimônio que se acumula.

Como já se afirmou, os direitos patrimoniais são medidos pelo valor pago por sua aquisição. Quando se compra um bem, quem compra tem mera variação qualitativa. No lugar do dinheiro pago, passa a existir um outro elemento patrimonial. Assim, a compra não aumenta a renda, é mera aplicação de um patrimônio. A valorização do bem, enquanto não for vendido, constitui o próprio processo de produção de renda.

Mas cabe a indagação: enquanto o bem permanece com seu proprietário, não há aumento econômico do patrimônio? Sem dúvida, pode ocorrer aumento econômico de patrimônio pelo processo de produção. Mas ainda não há renda definitiva juridicamente existente, uma vez que, para tanto, deverá haver a interrupção do processo de produção, relativo a determinado bem, que se dá pela alienação, e somente então se terá aumento de valor, acréscimo real específico, que manifesta, juridicamente, a capacidade contributiva, prevista na Carta Política, de um determinado proprietário.

Com isto se estabelecem os marcos iniciais do processo de produção de renda da pessoa jurídica pela aplicação de capital: inicia-se na aquisição de um bem patrimonial - aplicação de renda existente - e termina no momento do recebimento de um *plus* - um ganho -, calculado em relação ao valor aplicado decorrente da troca pertinente à venda. Este acréscimo específico, separado, somente se concretiza quando ocorre um negócio jurídico, de troca, pela qual alguém transfere ao vendedor uma parcela de renda, que ele acumulou, em valor maior do que foi consumido na produção do bem vendido. Assim, para que haja aumento de renda, terá de haver transferência de renda entre pessoas, por negócio jurídico, que é o momento em que se manifesta a capacidade contributiva.

Esta necessidade de haver troca ficará mais evidente quando se examinar mais a diante, a diferença entre patrimônio e renda, e os elementos que caraterizam o que se denomina de realização.

Contudo, desta discussão já resta, reenfatizado, o elemento essencial caracterizador do conceito de renda, qual seja: a) a renda emerge da diferença entre todos elementos patrimoniais consumidos no processo de produção direta ou indiretamente vinculados de um bem e o valor obtido na venda deste; b) é pela troca que se constitui o produto do patrimônio.

Resta, entre as espécies, pela ótica econômica, estudar a transferência de renda. Para nós, transferência de renda, em termos econômicos, é mera transferência de patrimônio entre pessoas, sem o objetivo de obter mais-valia mediante um processo especulativo. Logo, trata-se de transferências sem obtenção de produto. Inserem-se entre estas as doações; os aumentos de unidades patrimoniais - de um dos consortes -, que se pode se formar pelo casamento com comunhão de bens; as transferências de patrimônio no momento da subscrição de capital nas empresas; nas sucessões por heranças, etc. Como estas hipóteses, entre outras, não constituem produto, devem ser examinadas no âmbito das definição do que é provento, o que se fará mais adiante.

Feita esta constatação, pode-se estabelecer um novo contexto - objeto do estudo do subtítulo que se segue -, dentro do qual se buscará estabelecer a combinação dos elementos que indiretamente reforçam as conclusões já alinhadas sobre o que é renda.

8.3. Conceito indireto de renda

Na verdade, a renda pode ser conceituada indiretamente por duas formas. A primeira, por via de significado concedido ao termo *renda* pela Carta, em outros contextos que não o subsistema tributário. A segunda forma é comparar os significados dos termos que identificam outros fatos jurídicos adotados para admitir a tributação em geral, e a partir deles propor a delimitação, de forma negativa, do que é renda.

A Carta Política, em outro contexto em que faz prescrições, v. g., no seu art. 43, utiliza a expressão *regiões de baixa renda*; no art. 192, refere-se a *transferências de poupanças de regiões de baixa renda*; no art. 201, menciona *dependentes de segurado de baixa renda*. Sem dúvida alguma, em todas estas expressões, mesmo nas que se referem a rendimentos de classe de pessoas, o termo *renda* está utilizado na sua acepção econômica. Vale dizer: renda é ganho - efetivo - auferido por uma pessoa, calculada de forma *per capita*. Sem dúvida, o termo se refere à renda que determinados grupos - como segmentos sociais - recebem. A Carta está-se referindo a situações em que o rendimento médio de cada cidadão se encontra num determinado patamar. Assim, ao tratar de renda social - tema que se insere no âmbito do estudo econômico -, utiliza-se do termo *renda*, e ainda o identifica com o ganho auferido pelas pessoas.

Já no art. 157 trata da arrecadação do imposto de renda e proventos de qualquer natureza incidentes na fonte sobre *rendimen-*

tos pagos, a qualquer título por órgãos públicos. Logo, rendimento tem, semanticamente, acepção de retribuição, ou seja, produto de trabalho, ou de capital.

Já no art. 201, a Carta prescreve que "Nenhum benefício que substitua o salário de contribuição ou o rendimento do trabalho do segurado terá valor mensal inferior ao salário mínimo."

Verifica-se, em rápida síntese, que a Constituição utiliza o termo *renda* como parâmetro de igualação social, - renda média - e o utiliza, inclusive, no art. 201, com o significado de salário e como sinônimo de rendimento. Está claro que admite a renda como produto, ou seja, remuneração do trabalho. Destaca-se assim, deste contexto, o termo significando o produto auferido como contraprestação pelo trabalho, equivalendo à remuneração - sinônimo de ganho.

Pelo art. 151, a Constituição veda que União tribute a renda das obrigações da dívida pública dos Estados, do Distrito Federal e dos Municípios, bem como a remuneração e os proventos dos respectivos agentes públicos, em níveis superiores aos que fixar para as suas obrigações e para os seus agentes.

Fica evidente que, mais uma vez, a Carta identifica o termo *renda* como decorrente de remuneração do trabalho e inclui um novo elemento, qual seja, o juro obtido nos títulos públicos. Aliás, quando alude a estes elementos, expressamente refere-se à renda das obrigações da dívida pública que incluem juros pagos ao detentor do título público como uma espécie de renda. Identifica-se, pois, o ganho da pessoa como o elemento nuclear de significação do termo *renda* em todas estas oportunidades em que foi utilizado.

Com isso pode-se afirmar que todos esses ganhos indicados pela acepção do termo *renda*, utilizado pela Constituição, constituem algo novo. Esta obtenção de riqueza nova, caracterizando renda, também está presente, conforme já constatado, como fator essencial no estudo do termo *renda* no contexto econômico. Além disso, trata-se de uma forma de produção obtida por via de troca.

Em toda esta discussão, restam identificados dois elementos que denotam linhas de conteúdo semântico, que indubitavelmente estão presentes na definição expressa do termo feita pela Carta Política nesses preceitos:

a) renda é remuneração do trabalho;
b) renda é remuneração dos títulos públicos.

Pode-se, pois, afirmar que a remuneração que se obtém pela alienação do trabalho é renda, como também são renda os juros que são genuinamente um produto líquido da aplicação e/ou locação de dinheiro aplicado em forma de capital. E em ambos os casos se tem a renda como produto e, ao mesmo tempo, a renda como algo que se agrega ao patrimônio já existente por via de troca. Nesta discussão desenha-se, por via indireta, a acepção de ganho de patrimônio como elemento base que conota a renda.

Estes elementos também são comuns àqueles que estão aglutinados e compõem a significação do que é renda - econômico -, identificado a partir da análise do termo renda como unidade nova de patrimônio novo que se agrega a um patrimônio da empresa.

Verifica-se, igualmente, que a renda da empresa é produto de capital, e entre estes rendimentos da empresa, inclusive, estão incluídos os juros. Logo, exigir maior identidade do termo utilizado pela Constituição com o termo definido no âmbito da ciência econômica ultrapassaria as raias do razoável.

Para identificar a renda, por um segundo caminho indireto, pode-se levar em conta que a própria Constituição toma como pressupostos materiais de tributação, v. g., a propriedade territorial rural, que constitui base impositiva do imposto cobrável pela União. Aos Municípios confere a competência para cobrar, entre outros, o imposto sobre a propriedade territorial urbana. Aos Estados-Membros outorga o direito de cobrar imposto sobre circulação de mercadoria e serviços, e ainda admite que os Estados instituam o imposto sobre propriedade de veículos automotores.

Todos esses elementos que constituem propriedade sem dúvida são bens patrimoniais. Estão integrados ao patrimônio de cada contribuinte e constituem renda acumulada.

A par disso, pelo art. 154, a Carta admite que a União institua outros impostos por lei complementar, desde que não tenham fato gerador ou base de cálculo próprios dos discriminados na Constituição. Constata-se, assim, que os impostos sobre a propriedade, ou seja, sobre o patrimônio - renda acumulada -, instituídos na Constituição implicam um pressuposto predicado pelo verbo *ter* (ter propriedade territorial rural ou urbana, ter propriedade de um veículo automotor, etc.). Logo, a capacidade contributiva presumida pela Constituição é ter um bem patrimonial que se identifique com o utilizado como pressuposto da relação tributária. Como estas hipóteses são exclusivas para a incidência dos impostos previstos, estas não podem compor outras bases calculadas de impostos.

Há as hipóteses predicadas pelo verbo *fazer*: fazer circulação de mercadoria, faturar, pagar salários, etc., que da mesma forma não se confundem com o fato *obter renda*.

Diferentemente, o imposto de renda se desencadeia quando o contribuinte obteve renda. A proposição que declara existente o fato imponível é obter renda. Claro está que obter um patrimônio novo é diferente do que ter um patrimônio. Trata-se, assim, de pressupostos diferentes: a hipótese da incidência pelo termo *renda* é predicada pelo verbo *obter*. Esta diferença fica ainda mais clara quando, no art. 153, § 2º, se fazem especificações sobre a renda, identificando renda com rendimento - espécie de renda -, incluindo os proventos, os provenientes de aposentadorias e pensões e os decorrentes de trabalho. Com isto se demonstra que renda - como hipótese de incidência constitucional - não se confunde com patrimônio já existente. Identifica-se com o patrimônio que se agrega em face de um processo de produção. Tem-se, assim, uma parcela de patrimônio específico que compõe a base calculada do imposto sobre a renda, qual seja, o patrimônio novo que se agregou, que foi obtido.

Quanto a este aspecto, cabe lembrar que a interpretação tem diversos componentes, que formam um contexto específico, em que se molda o significado. Conveniente então que se faça uma indagação bem específica. Neste conteúdo frásico, que está contido no art. 153, III, haveria algum enunciado que afastaria o intérprete da utilização da significação que o termo *renda* tem quando tecnicamente usado? A nosso ver, além de não haver qualquer impedimento neste sentido, os significados que se deduzem de diversos outros enunciados, que não tratam diretamente da tributação, indicam que este termo é utilizado pela Carta como expressão de um conteúdo material, ao menos na sua significação mínima, nos seus traços semânticos nucleares, idênticos aos que têm quando usado no âmbito social.

Invariavelmente, em todas as hipóteses, elementos identificados são denotativos do conteúdo de riqueza nova, como acréscimo novo ao patrimônio. Todos expressam o mesmo elemento constitutivo da definição do conceito de renda como seu núcleo de significação pétrea. Renda tem seu núcleo de significação originária, formadora do conceito constitucional, identificado com a riqueza nova gerada como produto do capital ou do trabalho.

Contudo, todas as conclusões a que se chegou ainda não envolvem definitivamente o termo *renda* utilizado no art. 153, III, da Constituição, que, como se verá, compõe um contexto específico, onde ainda deverão ser combinados os critérios de apuração de cálculo - generalidade e universalidade - com princípios tais como o da igualdade, da capacidade contributiva, etc.

Assim, tem-se um significado preliminar, formado a partir de uma significação extraída do contexto puramente econômico, comparado com o significado concedido ao termo em alguns preceitos constitucionais, quase todos localizados, geograficamente, fora do capítulo englobado pelo sistema tributário.

Outro fato que se destaca é que há um plano em que renda acumulada é o próprio patrimônio da pessoa: o que está à sua disposição para o consumo. Pela significação acima deduzida renda produzida é recurso novo, é o ganho - novo - que se agrega ao patrimônio já existente.

Por sua clareza, transcreve-se o que diz Roberto Quiroga Mosqueira, enfocando a delimitação do que é renda a partir de um exemplo concreto de venda de bens por um indivíduo A para outro B, com acréscimo de valor. Diz o autor:

> "Para o indivíduo *A*, a mutação patrimonial tributada, trata-se de incremento primário de riqueza, incremento este tributado pelo imposto de renda e proventos de qualquer natureza. Com efetivação da respectiva tributação, a riqueza então nova, passa a integrar o patrimônio como riqueza velha, como riqueza, acumulada. Tornando-se riqueza velha, passa a compor o patrimônio e jamais poderá ser tributada pelo imposto encartado no art. 153, inciso III, do Texto Maior".[121]

Logo, mesmo sendo a afirmativa transcrita feita, declaradamente, num contexto de enunciação da definição de renda no âmbito tributário, o exemplo denota um fato econômico de venda com lucro, o que efetivamente permite incluí-lo num contexto em que se busca estabelecer o significado do termo no plano econômico.

---

[121] *Renda e Proventos de qualquer Natureza*, p. 105.

9. Conceito de renda constitucional

9.1. Os critérios da generalidade e da universalidade

O termo *renda*, na condição de hipótese de incidência do imposto, não tem qualquer deformação constitucional prescrita que expressamente o modifique, a ponto de se afastar do que significa, quando tecnicamente identificado pelo Ciência Econômica. Logo, confirma-se o ponto de vista que se adotou, aprioristicamente, como objeto a ser provado, qual seja: o núcleo, o cerne de significação do termo *renda* - moldado no plano econômico - é o mesmo que estrutura semanticamente o termo *renda* expresso pelo art. 153, III, da Carta.

Trata-se de uma utilidade nova, uma riqueza ou patrimônio novo, que se agrega ao já existente. Disso, como se verá, também não discrepam as conclusões doutrinárias e jurisprudenciais.

Com estes fundamentos, pode-se dar como identificado o núcleo semântico da dicção constitucional, que tem como hipótese obter um acréscimo de renda, que deverá servir de pressuposto de uma tributação.

Uma vez fixado o que é renda, cabe examinar o que é renda nos termos do 2º do art. 153 da Carta, que prescreve que o Imposto sobre a Renda "será informado pelos critérios da generalidade, da universalidade e da progressividade", esta última na forma da lei.

Logo, a Constituição estabeleceu, por via estipulativa, três critérios que "informam" o imposto de renda. Cabe então relembrar, como já se afirmou, que a adoção de um critério é escolher, entre diversas possibilidades, uma só hipótese. Logo, pela indicação de critérios se dispõe, não por princípio, mas por regra, o que deve ser estritamente observado pelo intérprete. Com isto quer-se afirmar que não há condições de se ponderar a universalidade e a generalidade. Estes critérios devem ser plenos e definitivos.

Cabe então indagar: quais os elementos que compõem a regra matriz de incidência tributária do imposto de renda que devem ser informados pelo critério da generalidade, da universalidade e da progressividade? Para fazer um raciocínio prático, relembra-se que a regra matriz de incidência, segundo o professor Paulo de Barros Carvalho, tem a seguinte estrutura:

"Na hipótese (descritor) haveremos de encontrar um critério material (comportamento de uma pessoa) condicionado no tempo (critério temporal) e no espaço (critério espacial). Já na conseqüência prescrita, depararemos com o critério pessoal (sujeito ativo e sujeito passivo e um critério quantitativo) base de cálculo e alíquota".[122]

Sem dúvida, estes critérios - da generalidade e da universalidade - devem-se refletir sobre todos os elementos que compõem a regra matriz tributária que tenham implicação na formação da relação jurídica. A generalidade abrange todos os contribuintes não se admitindo qualquer tributação especial. De igual modo, o universal é o oposto do individual, do que se infere que por este critério não pode haver tratamento que não seja uniforme para todos, ressalvada a aplicação do critério da progressividade.

A generalidade, a nosso ver, compreende com mais evidência os contribuintes, critério pessoal, que são os sujeitos passivos da relação tributária.

Assim, todos os contribuintes devem ser tratados de uma só forma, o que aliás já decorre do próprio princípio da igualdade. Com este fundamento pode-se afirmar que a renda deve ser reconhecida com a observância do critério da generalidade, em que não se admitem classes de contribuintes. Todos, indistintamente, são contribuintes, potenciais, ou de fato, do imposto. Por isso igualmente não se pode admitir classe de patrimônio, nem espécies de renda: todos os ganhos - todo acréscimo novo decorrente do ato de produção de renda - devem ser objeto de tributação respeitado o critério da progressividade.

Dentre os elementos que compõem a regra matriz de incidência tributária do imposto sobre a renda destacam-se também todos os elementos que compõem a hipótese consagrada como base calculada do imposto. Sem dúvida, como o elemento ganho - parcela de riqueza nova - que carateriza o imposto é o pressuposto básico da própria incidência, deve ser compreendido pela generali-

---
[122] *Curso direito tributário*, p. 155.

dade e pela universalidade. Assim tanto as receitas como as despesas devem ser informadas pelos dois critérios constitucionais. Em outros termos, a lei não pode fazer qualquer diferença entre os diversos processos de formação de renda. Conseqüentemente, não há lugar para tipos de renda, como ganho de capital, dividendos, renda operacional ou não-operacional, etc.

Também não podem ocorrer diferenças de tratamento entre as "rendas" auferidas em períodos longos ou curtos.

A base calculada, além de ser informada pela generalidade, terá de ter natureza universal. Ser universal é ser total. Logo, de nada adianta apurar a base impositiva dividindo-a em espécies de renda quando, no final, se deve apurar o valor informado pela universalidade. Desta forma, para que a renda seja informada pelo critério da universalidade, os elementos integrados no processo de sua produção devem estar dispostos de forma tal, que atendam a este critério. Ou seja, todos devem ser submetidos à tributação de forma absolutamente igual. Não há receita diferente de outra, como não há despesa diferente de outra. Com isto quer-se afirmar que também estão incluídos no critério da generalidade e da universalidade todos os elementos que integram a base calculada de renda inclusive a moeda como fator de medida. Vale também especificar que todos os elementos do passivo se integram universalmente na produção de renda como todas os fatores ativos.

Com base nesses dois critérios, aplicados simultaneamente, já se pode afirmar que todos os elementos que compõem a base calculada de renda são incluídos num só contexto, no qual não se admite diferenciação de qualquer espécie, entre elementos do patrimônio ativo nem sobre consumos vinculados ao processo de produção de renda.

Como se mencionou, a universalidade não atinge tão-somente parcelas dos elementos envolvidos na quantificação; ao contrário, inclui todos essencialmente o elemento temporal. Assim, deve-se retornar à questão dos consumos de riqueza, denominados contabilmente de despesas, para efeito de apuração de renda. Sem dúvida, o processo, em seu todo, também é informado pelos critérios da universalidade e da generalidade. Isto implica afirmar que todo gasto feito em função de qualquer bem que integra o patrimônio da empresa constitui oneração do seu patrimônio, desde que possa ser qualificado como inserido dentro de um contexto de produção especulativa.

Somente em face do argumento que acaba de ser posto a lei não pode condicionar o direito à apropriação de um gasto, orientado pelo objeto social da empresa ou em função de qualquer outra especificação. Além disso o critério de medida - a moeda - também deve ter caráter absolutamente universal; vale afirmar que não pode haver qualquer diferença entre o valor da medida dentro do processo de produção total. Esta medida deve igualar - pelo critério da generalidade - os contribuintes, independentemente do período que cada qual levou para produzir sua renda. Neste contexto incide o postulado do valor constante da moeda

A orientação deve ser adotada em função do patrimônio como um todo universal, e não em função de suas partes, sejam elas quais forem. Por menor que seja qualquer elemento que compõe o patrimônio, quando for alienado, tem potencialidade de gerar uma mais-valia, e por isso as apurações dos gastos respectivos não podem ser vedados. A vedação da despesa então somente encontra fundamento no processo normal especulativo. Em outros termos, para ser dedutível, deve ser necessário, deve contribuir direta ou indiretamente na formação da renda.

Universal é o gênero mais abstrato possível, que inclui a todos num só conjunto. Logo, não se admite qualquer tributação diferenciada da renda, v. g., obtida pela venda de bens de capital, renda decorrente de receitas financeiras, tipos de produção, etc. Vale reenfatizar que este critério inclui num só todo absolutamente tudo, e não admite ser ponderado. Exatamente por isso ele se diferencia do princípio. Logo, não há espécies de renda de um só contribuinte. A apuração é universal.

Para deixar ainda mais clara esta questão, não se pode olvidar o que já se referiu quanto à moeda, que se caracteriza como medida abstrata dos bens com expressão econômica. A redução dos direitos patrimoniais ao valor moeda - que é medida universal -, nos cálculos financeiros, engloba a totalidade da renda num só gênero. Rememorando o que se afirmou quando se tratou da apuração do resultado patrimonial, reenfatiza que este já atende ao caráter genérico e universal pleno, quando contrapõe - medido em moeda -, num só núcleo, as contas passivas (passivo) às contas ativas (ativo) e estabelece o resultado a partir de um processo de produção dinâmica. Constata-se, pois, que o acréscimo de riqueza expressa em moeda se harmoniza com o texto constitucional, cumprindo o critério da consideração universal da renda. Neste sentido, a universalidade deve "informar" a própria medida da coisa renda no tempo. O que vem reafirmar mais uma vez o postulado do valor constante da moeda.

Por conseguinte, têm-se argumentos para afirmar que o elemento que carateriza a renda, dentro do conceito constitucional, é sua apuração em moeda, não se admitindo qualquer outro critério de diferenciação entre contribuintes. Assim, o caráter de generalidade, representado por uma medida universal, e a inclusão, numa só totalidade, de todos os valores que constituem renda, para efeito de apuração da base calculada, pelo critério universal, atendem, de um lado, a regras fixadas pelos critérios especificados e, de outro, atende ao princípio da igualdade entre os tributados.

Assim já se identifica um elemento fundamental que compõe a significação do termo *renda* como fato jurídico-constitucional, qual seja, a expressão da base calculada em moeda, com valor constante que represente, quantitativamente, a totalidade do acréscimo de riqueza obtida pelo contribuinte num período.

Conclui-se, pois, que a expressão dos valores patrimoniais, medida em moeda, orientada pelo postulados da medida de valor constante, constitui um sobrecritério que atende tantos aos critérios da universalidade e da generalidade como ao princípio da igualdade.

9.2. O critério da progressividade

A progressividade, sem dúvida, incide sobre um elemento que integra o critério quantitativo da regra matriz de incidência tributária, qual seja, a alíquota. Esta progressividade deverá também ser informada pela generalidade e pela universalidade dos contribuintes que se inserem nesta faixas de tributação progressiva. Com estes critérios incidindo simultaneamente sobre a alíquota, não há qualquer possibilidade de se cogitar da tributação de contribuintes por alíquotas distintas e/ou especiais, exceção feita à progressividade em caráter universal. Com isso se afirma implicitamente que a renda da pessoa física, mesmo a que for obtida em forma de lucros e/ou dividendos, não poderá sofrer tributação diferente. A carga tributária desta renda, desde a sua origem, deve ser informada pelo critério da generalidade e da universidade.

Num sentido paralelo, estabelece o art. 150 da Constituição, com expresso sentido de estabelecer limitações ao poder de tributar, a vedação à União, aos Estados, ao Distrito Federal e aos Municípios (por regra, e não por princípio) de instituir tratamento desigual para quem se encontre em situação equivalente, proibindo qualquer distinção em razão de ocupação profissional ou função, bem como em razão de denominação jurídica dos rendimentos, títulos ou direitos. Esta regra, sem qualquer dúvida, constitui mera repetição dos mesmos traços semânticos expressos pelo caráter da generalidade e da universalidade da renda. Tem-se, assim, diversas prescrições específicas e especiais que indicam, ora de forma quase expressa, ora de forma implícita, que é inconstitucional diferenciar a renda com base no seu processo de produção, ou seja, qualificá-la segundo a sua origem para promover tributação diferenciada entre ganhos, de forma mais ou menos gravosa.

9.3. Capacidade contributiva (um limite ao poder de tributar)

Não bastasse o que já foi dito, pelo art. 145, § 1º, a Constituição autoriza a cobrança de impostos, desde que respeitado o princípio da capacidade contributiva do contribuinte. Aqui cabe relembrar que a doutrina se vem ocupando há muito da identificação do conceito material do termo *capacidade contributiva*, mas ainda não produziu obra doutrinária que o trace com conotações suficientes.[123] Nesta seara tem-se longo caminho pela frente, notadamente para identificar os contornos mínimos necessários para proteger a pessoa física, quando se tributar sua renda.

Pela Teoria Geral do Direito, pode-se afirmar que, em termos genéricos, o surgimento da relação jurídica está condicionada à ocorrência de um fato jurídico. Antes de ocorrer o evento prescrito em forma de hipótese, não se deflagra a relação jurídica entre contribuinte e fisco. Assim, antes que o fato ocorra, não haverá o pressuposto que causa a relação jurídica.

A par disso, a Carta estabelece rígida competência tributária e institui a prévia existência material de riqueza nova, juridicamente reconhecida, para que haja a manifestação da capacidade contributiva, como um pré-requisito da incidência tributária. Deste contexto de limitações simultâneas e sobrepostas, o mínimo a extrair é que a relação jurídico-tributária está condicionada à ocorrência efetiva e definitiva do evento econômico que implica ganho de uma nova parcela de patrimônio. Vale dizer: enquanto o evento renda se está

---

[123] Gisele Lemke, em sua alentada obra, *O Imposto de Renda*, trata dos conceitos de renda e da disponibilidade econômica e enumera, exaustivamente, posições adotadas pela doutrina que permitem afirmar a ausência de unidade no âmbito da ciência quanto a este termo (*Os conceitos de renda e de disponibilidade econômica e jurídica*, p. 31-59).

formando, ele não ocorreu. Assim, enquanto não se concluir toda a etapa, todo o processo, para que se tenha concretizado o elemento renda, não há possibilidade de incidência do imposto.

Como já se referiu, a renda brota de um processo dinâmico, ela se forma à medida que o patrimônio vinculado a este processo é aumentado de forma definitiva. Só por isso, atendendo ao princípio da capacidade contributiva, não há possibilidade de se estabelecer a relação tributária sem que o fato que a faz surgir tenha ocorrido no mundo fenomênico. Com isto, o surgimento da capacidade econômica está diretamente vinculada ao princípio da realização econômica da renda.

Com isso se identificam os critérios contábeis, traduzidos pelo princípio do custo histórico (formado pelo preço pago na aquisição de cada bem), combinado com princípio da realização da receita (obtida na venda de cada bem), como formuladores do núcleo de controle constitucional tanto do reconhecimento de renda como evento material, quanto da capacidade contributiva. Assim, da contraposição dos preços de compra dos bens e dos respectivos preços recebidos na venda (incluindo custos de todos os gastos feitos em face do processo - total - de produção de renda) é que emerge a renda. Esta é a condição necessária para que se consubstancie a capacidade contributiva de renda e o princípio da realidade material.

Cabe ter em mente que a capacidade contributiva constitui elemento específico de densificação e concretização do princípio da igualdade.

Nesta condição passa a conformar também os critérios da generalidade e da universalidade impondo seus efeitos em dois planos distintos: 1) no plano da classificação do princípio da igualdade entre os contribuintes concretizando a justiça tributária por critérios objetivos; 2) no plano interno em que põe em condições de igualdade as parcelas de renda produzidas por fontes e prazos diferentes.

Neste último contexto é que surge a aplicabilidade de postulado da moeda como medida de valor constante como forma de apuração econômica das parcelas de renda tanto de um só contribuinte como dos contribuintes considerados entre si.

Em outros termos, pela aferição da capacidade contributiva informada pelo critério da generalidade (que é o oposto do critério da individualidade) e da universalidade (oposto do critério da especialidade) combinados com o postulado do valor constante da moeda que se iguala o contribuinte que tem uma renda auferida v. g., na bolsa de valores em investimento de curtíssimo prazo com outro contribuinte que obteve renda com a alienação de uma parcela de ações ou um imóvel adquiridos há mais de duas décadas. Reenfatiza-se que, sem que se estabeleça uma medida constante dos valores invertidos, no tempo, simplesmente o critério da generalidade e da universalidade não se consubstanciam de forma concreta.

Neste sentido, pode-se mencionar a lição de Joachim Lang, que refere que: "a capacidade contributiva constitui um elemento fundamental para concretização da justiça tributária".[124]

Num outro subplano, composto pelo art. 170 da Constituição, fundamenta-se a ordem econômica, entre outros, *nos princípios da livre iniciativa*, e adotam-se a propriedade privada e a livre concorrência como princípios fundamentais.

O fundamento na livre iniciativa indica que a atividade ecônomica está protegida constitucionalmente, de forma a se tratar de questão que traduz interesse público voltado à geração de benefícios sociais, e que, como tais, devem ser estimulados. Como a geração de renda é fator que impulsiona os empreendimentos livres, que devem ser estimulados pelo Estado, fixa-se um limite, com traços leves, que indica que os lindes de tributação da renda estão situados neste contexto.

Vale dizer, a tributação da renda, pelo critério da progressivamente, tem o limite estabelecido onde possa haver desestímulo e inibição dos empreendimentos promovidos pela livre iniciativa. Identifica-se assim, com traços de uma figura bastante abstrata, por isto de difícil concretização nos casos de aplicação individualizada, outro limite de tributação, fixado pelo princípio da capacidade contributiva, e o início do confisco.

---

[124] *Die Bemessungsgrundlage der Einkommensteuer*, p. 125.

10. Conclusões

10.1. Critérios de cálculo da base calculada

Para dar introdução ao presente subtítulo, reafirma-se que, uma vez provada a vinculação indeterminada e genérica de bens patrimoniais ao processo de produção de renda, dinâmico e universal, a lei tributária não pode adotar processo de apuração de renda definitivo e estanque sob critério estático, sem incorrer em presunção.

A presunção do legislador ordinário - mesmo parcial - é proibida neste plano, como se viu no subtítulo 4.5 -, porque inviabiliza a utilização do conceito de renda como núcleo de limitação constitucional do poder de tributar. Por isso há que contornar esta questão, identificando os mecanismos - os ajustes - necessários para que ao mesmo tempo se possa apurar a renda periodicamente sem violar o conceito constitucional. Neste contexto se insere o postulado da continuidade das entidades.

Assim, o conceito de renda não se fecha no princípio da Competência exatamente porque este constitui o critério que orienta e conforma o cálculo de um resultado estático periódico. Este resultado estático nada mais é do que um corte quantificador dos resultados, que, até o momento do estabelecimento de sua base calculada, estavam realizados: por isso traduz resultados definitivos relativos. Como resultado estático, no momento de sua apuração, pressupõe - ao menos por um momento - a definitividade de sua base de apuração. O que, como já se referiu, não se coaduna com a realidade.

Contudo, não se pode olvidar que o princípio da Competência repousa sobre o princípio do registro do valor histórico e a realização da renda dentro de um processo de produção dinâmico contínuo. A este processo estão subjacentes os registros históricos e a realização da renda, apropriada por variação quantitativa de consumos estabelecidas por médias de durabilidade que dependem de confirmação futura.

Estas presunções - feitas por médias - foram estabelecidas a partir de uma realidade concreta, tão-somente para que fosse possível efetuar estes cortes estáticos e permitir a tomada de pulso do empreendimento. Estas presunções de consumo - por natureza relativas - são, em face disso, estabelecidas de forma provisória. À medida que cada elemento, subjacente aos direitos patrimoniais, se realiza factualmente, há reflexo destes valores de forma material no resultado, que passa a ser ajustado. Assim, após cada resultado periódico, remanesce um período variável de tempo, que falta para ocorrer a realização econômica total de cada um dos bens existentes no patrimônio universal para que se possa afirmar a verdade material daquele exercício. Cabe, ainda, ter em conta que podem existir passivos ocultos, que se formaram nos exercícios passados, sem que o contribuinte tenha se dado conta de sua existência e, conseqüentemente, sem que os tenha apropriado. Na verdade, estes valores teriam de alterar a renda na medida de sua formação, o que implicaria constantes modificações de resultados passados, o que implicaria grave afetação do princípio da segurança jurídica. Há também patrimônio imaterial, que se forma sem ser formalmente reconhecido, tais como marca, qualidade de produto, mercado, pessoal especializado, fundo de comércio, etc., cujo gasto foi apropriado nos exercícios passados como custo, e não como investimento.

Então se constata, por outros fatores, que efetivamente há uma provisoriedade dos resultados de renda apurados nos períodos e uma continuidade incindível do processo de formação de renda.

Com o que se expôs, há fundamentos suficientes para afirmar enfaticamente que princípio da independência dos exercícios, adotado pela atual legislação do Imposto sobre a Renda, está consubstanciado em critério técnico que fundamenta a apuração dos resultados parciais de forma estática, o qual, em face do contexto em que é estabelecido, implica um cálculo provisório, ou relativo.

Estes resultados podem, entretanto, servir de base impositiva, constituindo pressupostos da incidência do Imposto sobre a Renda desde que, no correr do tempo, a lei admita os ajustes necessários à adequação do valor renda à realidade factual. Estes critérios, necessários para que estes ajustes ocorram, efetivamente foram formulados a partir dos postulados e dos princípios científicos que indicam o verdadeiro - contrário do falso - em base nos eventos conhecidos até o momento da apuração. Contudo, como é certo que o que se conhece não constitui a totalidade dos fatos, mas somente uma projeção aproximada da realidade, há que respeitar a dinamicidade do processo de produção de renda adotando um mecanismo, uma *praxis*, para estabelecer a verdade material, que deve ser adequada à medida que a realidade definitiva se revelar.

Assim, a lei ordinária não pode desestruturar os critérios científicos adotando um valor, estabelecido com natureza provisória, como definitivo. Assim se demonstra que, no momento em que a lei ordinária passa a proibir que receitas já tributadas, não realizadas, sejam compensadas com lucros futuros, ou à medida que condiciona a apropriação de despesas ou perdas ocorridas num período com resultados futuros, está dispondo de forma inconstitucional.

Logo, neste ponto, novamente se tangencia a questão relativa a períodos de apuração, a qual será objeto de discussão específica mais adiante.

Aliás, Rubens Gomes de Sousa já afirmava que: "a teoria que se pode dizer clássica de renda, os elementos definidores que tendem a desaparecer são a periodicidade e a existência de uma fonte duradoura".[125] Dá-se, nessa teoria, ênfase a um quarto elemento, a produtividade, que deve resultar de exploração organizada - de natureza contínua - pelo titular de rendimento. Assim, o presente estudo, de certa forma, vem comprovar o que o grande mestre de diversas gerações afirmava já nos idos de 1960.

Para demonstrar que o conceito de renda não se harmoniza plenamente com a periodicidade, refere exemplos em que, para obter-se ganho, é necessária a alienação da própria fonte, como ocorre na venda de bens - v. g., os de ativo fixo de uma pessoa jurídica. Casos há em que decorrem da cessação de uma atividade, v. g., recebimento decorrente de liquidação de apólices, etc.

Afirma Rubens Gomes de Sousa: "Esta constatação basta para indicar que, como elementos da definição da renda, a periodicidade não tem valor por si mesma".[126]

Em traços gerais, Rubens Gomes de Sousa afirma que *a formação da renda depende destas etapas de produção* em que se agregam serviços. Conceitua a renda como sendo a agregação de uma mais-valia que se forma dentro da atividade de produção que por natureza é contínua, mas sua obtenção depende de troca no merca-

---
[125] *A evolução do conceito de renda tributável*, p. 341.
[126] Id., Ibid., p. 342.

do, um dos fatores sociais que mecaniza a transferência de renda acumulada.

Portanto, não se pode adquirir renda antes de ocorrer o fato que a transfere juridicamente de uma pessoa a outra. Com isso se verifica que o mestre de todos nós implicitamente considera os postulados e os princípios contábeis para delimitar o conceito constitucional de renda.[127]

Especificamente sobre a realização da renda, Ezio Vanoni afirma "que o significado da separação e da realização da renda consiste na autonomia desta com respeito à fonte da qual deriva, autonomia que significa a consolidação certa e estável da aquisição de uma nova renda".[128]

Segundo observa José Luiz Bulhões Pedreira, o Regulamento do Imposto sobre a Renda de 1924 e o de 1926 referiam-se à aquisição da disponibilidade como: "percepção do rendimento, noção que se ajustava ao conceito fiscal de rendimento que então prevalecia".[129] Conforme o autor, as noções de Direito Civil, que se irradiavam no Direito Fiscal, impunham, para reconhecimento da "percepção do rendimento", a separação, ou seja, a existência de um bem distinto. Equiparava-se a renda à percepção do fruto, já separado. Em face disto, admitiam, nessa época, o surgimento de renda unicamente quando a *plus valia* tinha sido efetivamente recebida pelo contribuinte.

Consigna o mesmo autor que o conceito se estendeu na década de trinta, quando passaram a se admitir, por via da jurisprudência, como renda, valores já creditados ao beneficiário em contas-correntes, em condições de serem recebidos, a qualquer momento, pelo creditado.

Refere textualmente que:

"Esta jurisprudência foi consolidada pelo DL 4.178/42, que, em seu art. 23, dispôs que na determinação da base serão computados todos os rendimentos que, no ano considerado, estiverem juridicamente à disposição do beneficiário, inclusive os originados de época anterior".[130]

Surge, então, ainda segundo esse autor, já no ano de 1942, a expressão "disponibilidade jurídica". Adverte o autor citado que o

---
[127] *A evolução do conceito de renda tributável*, p. 343.
[128] Ezio Vanoni *apud* Horário A. Garcia Belsunce, *El concepto de rédita en la doutrina y en el derecho tributario*, p. 125.
[129] *O imposto sobre a renda, pessoas jurídicas*, p. 198.
[130] José Luiz Bulhões Pedreira, *O imposto sobre a renda - pessoas jurídicas*, p. 198.

direito de receber renda é fato jurídico que não se confunde com o fato econômico da aquisição de sua disponibilidade.

Comparando-se as conclusões sobre o que é renda econômica, constata-se que a doutrina efetivamente vem realçar a definição de renda com um acréscimo patrimonial realizado, o que fica evidente quando se afirma que renda é riqueza nova. Resta, contudo, enfrentar a questão relativa à realização, que é subdividida em econômica e jurídica inclusive pelo art. 43 do CTN.

A disponibilidade da renda, já em termos de Ciência Econômica, se consubstancia no momento em que o contribuinte passa a ter o poder jurídico de dispor da moeda livremente. Cabe indagar então: em que momento a renda se consolida juridicamente? O acréscimo de capital advém da troca, que é o meio de transferência de renda. Neste sentido, requer-se, já na Ciência Econômica, que haja direito patrimonial, que se caracteriza pelo poder jurídico de dar à coisa concreta o destino que aprouver ao seu proprietário. Aliás, este fato também é, como já se viu, o elemento caracterizador do momento em que se manifesta a capacidade contributiva como regra constitucional.

A Economia se preocupa com a troca, uma vez que esta constitui o critério que adotou para a sua medição. O conceito de renda econômica, como se referiu acima, está fundado no direito de livre destinação da riqueza nova, que, a sua vez, é regida pela relação jurídica patrimonial. Logo, o beneficiário, para dispor da renda, terá de, previamente, adquirir o direito patrimonial. Com isto a concretização da disponibilidade econômica de renda tem vinculação estreita com a aquisição do direito patrimonial medido em moeda correspondente, uma vez que se trata do meio, jurídico, que impõe o direito à fruição da riqueza nova. Por isso a realização econômica se completa, se consolida, pela aquisição do direito à percepção da moeda, porque este ato traduz a própria concretização do direito patrimonial.

Contudo, a disponibilidade da renda pode ser feita pelo regime de caixa, ou seja, ser aceita como completada no momento em que se recebe o dinheiro, como também pode ser reconhecida quando, pela troca, se recebe um direito ao crédito que no futuro será satisfeito. Cabe então a indagação: esta possibilidade de satisfação futura estaria caraterizando a disponibilidade jurídica suficiente para que se possa reconhecer a renda - a riqueza nova - como fato concreto juridicamente consolidado?

Em outros termos, a resposta a esta indagação deve-se dar em aceitar, ou não, a disponibilidade virtual, fundamentada no direito de crédito, como forma de realização definitiva do acréscimo econômico novo, tributável pelo imposto de renda.

Para efeito do direito privado, quando há venda a prazo substitui-se o direito de propriedade sobre o elemento, que se vendeu, por outro direito de crédito, que também é patrimonial, mas se resume em promessa de pagamento. Logo, o direito ao lucro não estaria realizado.

Cabe, contudo, uma segunda indagação: pode a lei tributária presumir que todos os direitos patrimoniais, consubstanciados em título de crédito, constituem renda concreta, efetiva, quando se sabe que não serão recebidos na sua totalidade? A resposta a esta indagação, em termos, é não.

A negativa se fundamenta no fato de ser vedada, para efeito do reconhecimento da hipótese de incidência, a instituição de ficção, ou presunção, porque esta transforma o fato - renda real - em elemento que pode ser manipulado, e, como tal, passa a não se prestar para fundamentar um controle de poder, tributário, do Estado. Além disso, a ficção é forma de violação do princípio da capacidade contributiva, que, após ponderado em cada caso, se transformou em regra constitucional.

Pelo que se pode constatar, na doutrina econômico-contábil, como referido acima, a realização constitui a linha divisória entre o que é patrimônio e renda. Nessa condição, foi transferida, como critério de definição, para o interior do núcleo de significação mínimo do termo *renda*, como conceito que traduz a verdade material. Entende-se, genericamente, que, após ter ocorrido a realização, tem-se a renda como parcela isolada do patrimônio que a gerou. Trata-se, pois, de um marco divisor entre o que é patrimônio e o que é renda. Vale repetir a lição de Rubens Gomes de Sousa, no sentido de que: "o capital constitui-se em estágio de formação de renda, e renda em estágio de formação de capital".[131]

Mesmo que o tema relativo à pessoa física não se insira neste estudo, neste ponto há que incluí-lo, tão-somente para pôr os argumentos em contraposição.

Para a pessoa física, antes de cumprido factualmente este pressuposto do surgimento de renda, pela consolidação de um novo patrimônio, que é causa da relação jurídica tributária, é impossível pensar em incidência definitiva de tributo. Somente a realização da renda, pelo recebimento definitivo dos direitos patri-

---

[131] *A evolução do conceito de renda tributável*, Revista do Direito público, volume 14, p. 341.

moniais, relativos à troca de um bem, desencadeia o fator deôntico que causa a relação jurídica definitiva. Por isso, a realização que se exige para reconhecer a renda é dupla: a jurídica, pela formação do direito ao crédito, que passa a integrar a relação patrimonial; e a econômica, que se consolida pela percepção do valor, como verdade material. Caso haja uma parcela de preço, inserida como base de cálculo de imposto de renda, não efetivamente recebida, não há renda, na proporção do que não foi consolidada como direito patrimonial do contribuinte. Enquanto o valor do título que constitui ordem de pagamento, que ocorrerá no futuro, não for recebido, não se manifesta a capacidade contributiva. Contudo, na pessoa jurídica, inserida em contexto de apuração contínua da base calculada, esta questão é totalmente diversa da que ocorre em relação à pessoa física.

Na pessoa jurídica, como se afirmou, admite-se a tributação em cada período, pela aplicação de critérios que se aproximam da realidade, uma vez que seus resultados periódicos não são definitivos - tema que se discutiu praticamente no curso de todo o presente capítulo. Em face disso, há renda efetiva, com base na realização jurídica, desde que se calcule uma provisão sobre os valores a receber, num índice histórico, concreto, de inadimplência que sofre cada contribuinte. Assim se calcula, com fundamento em fatos concretos - logo objetivamente estabelecidos - qual o valor, correspondente aos créditos, que efetivamente será recebido na proporção em que historicamente o contribuinte os recebe.

No caso de recebimento da totalidade da receita, no exercício seguinte, agrega-se este valor, provisionado como dúvida de recebimento, que foi tido como provavelmente não-realizável, ao resultado tributável. Quer-se ponderar que o admitir-se a presunção do valor como certo, para efeito de estabelecimento da base calculada, não implica contradição. Como se viu, não há forma de se estabelecer, de forma definitiva, em períodos fixos, o valor materialmente correto. Aliás, em face de tal hipótese se estabelece o postulado da Continuidade. Por isto se impõe que se admita a tributação do valor provisoriamente, desde que a lei institua mecanismos que, no correr das realizações de cada bem do contribuinte - dentro do processo dinâmico -, se alcance a tributação com base num valor definitivo.

A contabilidade, que tem como objeto a identificação real do patrimônio, resolve esta questão instituindo uma provisão para liquidação de créditos duvidosos, e que foi prescrita na Lei nº 6.404/76, art. 183, inciso I, e pela Lei Tributária nº 9.430, art. 9º, § 1º.

Por esta provisão, instituída tanto pela lei comercial como pela tributária, em cada final de apuração - feita em balanço de resultado -, é adicionada ao resultado do período tudo o que se arrecadou dos créditos constituídos pela provisão relativa ao período anterior, considerando-se acréscimo auferido no período em que este valor provisionado deu entrada no caixa da empresa. Contudo, se os valores não pagos superarem a provisão, ocorrerá uma perda, a ser contabilizada nos exercícios seguintes.

Este ajuste, para reconhecer a renda, constitui mais um exemplo que bem ilustra a dinâmica que se instala dentro do postulado da Continuidade. Com este argumento, mais uma vez se demonstra que este ajuste das contas a receber, que adequa o resultado a um valor materialmente previsível, não tem conteúdo meramente legal, mas decorre do critério constitucional que possibilita o conhecimento da materialidade do evento - existência de riqueza nova - como pressuposto de reconhecimento da renda constitucional. Afirma-se, com este argumento, que o legislador ordinário não tem competência para limitar os valores deste ajuste, fora deste contexto concreto, porque, por via desta *praxis*, se estabelece a realidade factual do evento renda.

Aqui efetivamente desembocam os efeitos de toda a sistemática contábil, fundamentada pelos postulados e princípios. Como se afirmou, o que se faz em cada período é o cálculo mais aproximado possível da realidade da concretização de renda, traduzida em linguagem. Todas as provisões são feitas em face dos princípios que buscam estabelecer, no tempo (e não no final de cada período de apuração) a verdade material sobre a evolução patrimonial. Nos casos em que esta não pode ser declarada, estima-se o valor aproximado. Mas esta estimativa é feita sob condição e não pode ser fixada aleatoriamente pela lei. Ela deve se fundamentar em situação concreta e real. A lei pode, para facilitar este estabelecimento, estabelecer médias, mas o contribuinte sempre terá o direito, desde que assuma o ônus da prova, de promover o cálculo do valor da provisão com base na sua própria realidade.

Este cálculo aproximado pode ser adotado para efeito de registro dos valores, tanto das receitas (como o caso da provisão para liquidação de créditos duvidosos), como dos consumos que ocorreram no processo de produção, v. g., caso da depreciação, exaustão, etc.

Não havendo certeza quanto ao valor definitivo, pelo princípio da Competência, não se consegue promover um "emparelhamento" total e formal das receitas e despesas de forma definitiva. Fica claro, assim que este emparelhamento, por ser formal, é materialmente relativo. Por isso se instala um princípio de pesos e contrapesos, fazendo registros que irão compensar-se no tempo e que constituem verdadeiros vasos comunicantes, que se instalam entre os resultados periódicos, gerando um equilíbrio no decorrer do processo dinâmico. Mas o legislador não se pode aproveitar desta incerteza para prescrever a adoção de critérios irreais e definitivos e com isto cobrar impostos indevidos. Ao cortar este elo de ligação entre os períodos, artificializa a apuração e incide em presunção vedada neste contexto.

Aliás, cabe reenfatizar que, sem se promoverem estes ajustes, não se consegue fazer o corte para apurar o patrimônio da empresa. Culmina-se mais uma vez na adoção de um mecanismo, uma *praxis* única, que permite estabelecer a verdade. Logo, não se podendo evitar este processo dinâmico, deve-se submetê-lo a um tratamento tal, que, cientificamente, se possa, por meio dele, reconhecer como efetiva a renda à medida que flui a sua formação. Com isso se evidencia mais uma vez que o postulado da Continuidade, como forma, como orientador do cálculo de renda, se impõe como critério constitucional. Sem sua aplicação, incorrer-se-á em formação da base calculada por presunção, o que viola o princípio da verdade material.

A lei tributária, além de não poder obstar o uso destes mecanismos de consolidação da renda materialmente considerada, deverá, obrigatoriamente, promover estes ajustes de forma prescritiva.

Na questão ora sob enfoque se constata a importância do princípio da Prudência. Por este critério, como se afirmou, o reconhecimento de uma perda se faz imediatamente, quando é constatada. Já para reconhecer os ganhos se exige realização, por troca, no mercado de forma definitiva, uma vez que a consolidação da renda não ocorre, juridicamente, antes de haver um negócio jurídico que transfira a riqueza nova - renda - ao contribuinte.

Trata-se, assim, de dois critérios diferentes; um para situações de realização, de reconhecimento - de perdas; e outro para se admitirem os acréscimos. Mas esta diferença de tratamento se impõe exatamente pelo critério da verdade material, e do princípio da capacidade contributiva do contribuinte, que, para se concretizarem, devem comparecer combinados, sintaticamente, no momento em que se declarar - por norma individual e concreta - a existência da base calculada denominada renda.

Constata-se, pois, que da observância deste princípio contábil da realização depende a garantia do contribuinte de pagar o imposto somente quando a renda estiver disponível, o que conforma o direito de ser tributado segundo a sua capacidade econômica, denotada por acréscimo de riqueza nova.

A não-consideração dos ajustes contábeis feitos, para cumprir estes princípios, implica tributação sem que o pressuposto renda, que desencadeia o liame jurídico entre a União e o contribuinte, tenha ocorrido. Em outros termos, é exigir tributo sem autorização constitucional.

Por outro lado, a tributação de um valor econômico sem que tenha ocorrido a renda constitui imposto sobre o patrimônio, vedado pela Carta, porque não compreendido no âmbito da competência tributária da União e que, por implicar exigência de transferência de um valor econômico sem autorização legal, configura confisco.

Pode-se, pois, concluir que o respeito aos princípios da realização concreta de renda, que envolve os mecanismos de cálculo estudados, e as do registro pelo valor histórico, aplicados segundo os postulados contábeis, com observância dos princípios da oportunidade e da prudência, é instrumento da concretização do conteúdo constitucional de renda. Estes critérios contábeis constituem uma suma de idéias que se fundam em três postulados específicos: o da identidade, o da continuidade e o do valor constante da moeda como fator de medida.

Trata-se, pois, de um conjunto formado por uma plano de conhecimento e de critérios necessários e também suficientes para estabelecer o momento exato do surgimento de renda.

Com isso já se pode definir mais um tema: o valor contábil de renda, apurado por critério dinâmico, tal como brota da ciência, antes de sofrer deformação pela lei comercial ordinária, é levantado em termos tais que constitui a verdade econômica mais próxima a que se consegue chegar com a utilização do aparato científico.

Como se demonstrou, o critério é constitucional, e não meramente legal.

Com fundamento nessa constatação, afirma-se que a lei tributária não pode desconsiderar estes critérios, que se estabelecem pelo vetor verdadeiro ou falso - no âmbito dos fatos sociais -, e substituí-los por outros, menos precisos ou deles dissociados.

10.2. A questão da compensação do prejuízo fiscal

Os prejuízos, sob a ótica do processo de produção de renda, na maioria das vezes, constituem aplicação de capital no empreendimento delimitado pela individuação do patrimônio - postulado da entidade -, e a sua dedução dos lucros futuros tem mera função de recuperação dos custos incorridos na promoção e ou manutenção do processo de produção de renda.

Já se demonstrou que qualquer encerramento de exercício social efetivamente não traduz um valor materialmente definitivo. Cada recurso investido está sujeito às suas peculiaridades de uso, a ser apropriado pelo critério contábil, e que poderá implicar a apropriação antecipada de consumo de recurso. Também poderá ter havido apropriação a menor em cada exercício, se v. g., a durabilidade econômica dos bens em depreciação se manifestar inferior à prevista.

Estes fatos são suficientes para demonstrar que não se pode admitir o critério, adotado pela lei tributária, da independência dos exercícios, consubstanciada no princípio da Competência, como forma definitiva do cálculo do valor renda. Também já se mostrou que não se pode adotar o princípio da Competência na condição de regra definitiva e caracterizadora da base de cálculo materialmente estabelecida.

Pelos argumentos já postos acima, tem-se fundamento para afirmar que os prejuízos são decréscimos patrimoniais constatados entre a quantificação das variações do patrimônio líquido existente no início do exercício com o identificado no final do período. Estes resultados não podem ser considerados isoladamente nem são definitivos. Decorrem às vezes da dessincronia entre o consumo factual do patrimônio universal e a obtenção de renda num determinado período. Outras vezes os períodos de prejuízos são necessariamente suportados para permitirem a geração de lucros no futuro. Por esta razão são investimentos consumidos para a obtenção de lucros e como tais necessários para a continuidade do processo de produção de renda.

Os valores consumidos, materializados no prejuízo, também podem decorrer de apropriação antecipada de custos, como de outros fatores inerentes a um empreendimento, que foram incorridos em função de sua viabilização v. g., marca, qualidade, fundo de comércio, etc. Os gastos que compõem o prejuízo também estão informados pelos critérios a generalidade e universalidade. São consumo de capital como qualquer outro e que foram incorridos até para manter vivo o empreendimento. Logo, estão no mesmo plano da "despesa necessária".

Assim se conclui que o prejuízo fiscal, constitucionalmente, deve ser compensado nos lucros futuros, sem qualquer limitação porque constitui um investimento feito no processo de produção de renda. Esta compensação constitui o elo que vincula os períodos entre si e estabelece a dinamicidade do processo de produção de renda. Por isso, a compensação do prejuízo fiscal encerra o conceito de renda dentro de um núcleo de critérios objetivos e concretos que evita a tributação de patrimônio como se renda fosse. Constitui o elo da vinculação necessária que permite adequar os valores dos resultados parciais do empreendimento à duração indeterminada da atividade econômica.

Este processo dinâmico constitui forma inarredável de quantificação, que tem como postulado a continuidade do processo de produção (renda). Esta dinâmica não pode ser substituída por um processo estático, que, como se viu, é inadequado para estabelecer o que é renda constitucional, porque implica presunção de resultado. Sendo a compensação do prejuízo fiscal com lucros futuros o mecanismo que instala, na prática, o processo dinâmico da formação de renda, ele não pode ser neutralizado pelo legislador ordinário.

Conseqüentemente, é inconstitucional limitar de qualquer forma a compensação dos prejuízos com futuros lucros, essencialmente porque se trata de um mecanismo que adequa o resultado dinâmico à tributação da renda como fato real e concreto.

11. Crítica aos conceitos doutrinários

Já se demonstrou que, quando a Constituição autoriza a cobrança de impostos sobre o fato econômico renda, ela está traçando limites claros ao poder de tributar, uma vez que o legislador está impedido de incluir na base de cálculo deste imposto valores ou situações estranhas a ele, sob pena de lhe distorcer a natureza. Reitera-se também que se fez esforço para deixar marcado que este valor deve ser material, ou seja, estar efetivamente constatado como verdade.

Em outros termos: embora a lei diga que a incidência de uma alíquota sobre o valor de venda de uma mercadoria resulte num imposto sobre a renda, sempre se terá um imposto sobre circulação de mercadorias. Com isso já se reitera que o que identifica a essência de um imposto é o fato econômico - material - tomado pela Constituição como pressuposto (ou hipótese de incidência) do surgimento de determinada obrigação tributária. Necessita-se sempre de uma pesquisa para identificar o valor que compõe sua base de cálculo, para se determinar exatamente a natureza do tributo.

Rubens Gomes de Sousa deslinda, com maestria, a questão da natureza jurídica do imposto, quando leciona no mesmo sentido:

"(...) a escolha pelo legislador de uma base de cálculo inadequada pode não só desvirtuar a natureza específica do tributo, transformando-o, por exemplo, de imposto de renda em imposto sobre o capital, mas, também, a sua natureza genérica, transformando o de imposto em taxa ou vice-versa".[132]

O mesmo autor volta ao tema, para afirmar:

"(...) se o tributo formalmente instituído como incidente sobre determinado pressuposto de fato ou de direito é calculado com

---
[132] *Um caso de ficção legal no direito tributário: a pauta de valores como base de cálculo do ICM.* Revista do Direito Público, vol. 11, p. 16.

base em uma circunstância estranha a este pressuposto, é evidente que não se poderá admitir que a natureza jurídica deste tributo seja a que normalmente corresponde à definição de sua incidência".[133]

José Artur Lima Gonçalves, trilha o mesmo caminho, quando assevera:

"A base de cálculo é elemento essencial e decisivo para a plena e correta definição do tributo. Na verdade, é por meio da base que se pode verificar - dado o necessário liame ou nexo lógico que deve ela manter com o chamado critério material da regra-matriz de incidência tributária (o fato tributado) - a verdadeira consistência da situação submetida à tributação.
A circunstância de estar-se na presença de efetiva tributação de renda - critério material da regra-matriz respectiva - só é verdadeiramente afirmada quando o critério legalmente eleito (base de cálculo) para conversão desse fato em cifra econômica revela-se compatível com a consistência material do fato dado como 'pressuposto' pela Constituição e posto pela lei: a renda efetivamente auferida ou percebida".[134]

Constata-se, assim, não restar a menor dúvida de que a base de cálculo concreta do imposto transmite a sua natureza ao tributo a que dá origem.

Em conseqüência, caso a lei tome uma base de cálculo composta de valores de patrimônio e de renda, teremos dois impostos distintos: imposto sobre o patrimônio e imposto sobre a renda. Cada um se estabelece na mesma proporção em que os respectivos valores participarem na formação da base de cálculo do montante submetido à tributação. Estes ensinamentos doutrinários justificam todo o esforço teórico que se fez nos capítulos anteriores e, também, estão em plena harmonia com todas as linhas de argumentação postas e lhes servem de suporte.

É pela caracterização da base imponível que se estabelece a natureza jurídica material do tributo. No caso do conceito de renda, ele tem fulcro originário no elemento revelado pela proposição que afirma ser renda riqueza nova. Logo, renda se restringe a um evento que agrega uma parcela de riqueza nova - que antes era de terceiro - ao patrimônio de determinada pessoa.

---
[133] Id., ibid., p. 18.
[134] *Imposto sobre a renda*, p. 191.

Para traduzir um debate doutrinário mais próximo da realidade escolhemos, por corte metodológico, as posições de quatro palestrantes de um módulo - que teve por objeto o estudo da questão da periodicidade do imposto de renda, apresentado no VII Congresso Brasileiro de Direito Tributário, em 1993 - integralmente reproduzidas na Revista de Direito Tributário nº 63.

O primeiro palestrante do Congresso, o professor paranaense Marçal Justen Filho, buscando fixar os limites constitucionais, por via de uma definição negativa, inicia lembrando que renda não é faturamento, porquanto se trata de conceito jurídico utilizado pela Carta para atribuir competência (art. 195, I, da Constituição Federal). Da mesma forma, renda não seria patrimônio, visto que este é objeto de outorga constitucional para atribuir competência para tributar a propriedade imobiliária rural e urbana.[135]

Faz, então, uma nítida distinção, ponderando que renda não é simples ingresso, nem é titularidade pura e simples de bens, e conclui dizendo que: "renda consiste numa diferença que tem em mente a riqueza preexistente, as despesas efetivadas para aquisição de riqueza nova e o ingresso que possa ser obtido a partir de então".[136]

A metodologia adotada pelo emérito professor foi seguida no presente estudo, nos termos retroindicados, não como forma direta de construção do conceito, mas como argumento paralelo, com vista a reafirmar as linhas estruturais do conceito que se formulou com base no conteúdo semântico do termo *renda*. Para tanto, iniciou-se o estudo no contexto do objeto da Ciência Econômica, notadamente para identificar os elementos essenciais que integram este conceito. Assim, chegou-se à conclusão de que, para afirmar a existência de renda, deve estar reunida num núcleo de formação de renda a troca de um bem patrimonial no mercado que gere uma mais-valia. Com este núcleo, composto por um antecedente e um conseqüente, se forma transferência de renda.

Estes argumentos, a nosso ver, são suficientes para identificar os elementos que compõem o fato econômico que gera a produção de renda. Assim, denota-se que, no concernente ao conteúdo semântico primário do termo renda, se concorda com esse autor, mas a metodologia utilizada para construir o conceito no estudo indica-

---

[135] Periodicidade do imposto de renda I. Mesa de debate. *Revista de Direito Tributário* nº 63, p. 17.
[136] Id., ibid., p. 17.

do é totalmente diversa, essencialmente porque se partiu de estudos de contextos diferentes.

O professor Geraldo Ataliba - presidente da mesa de debates - adota também a técnica de exclusão, afirmando que: "renda só pode ser um conceito de conteúdo econômico",[137] que está posto no art. 153, III, da Carta Política, e que não se pode confundir com qualquer dos outros conceitos econômicos fixados pela Carta, para efeito de outras outorgas de competência.

Sem dúvida, esta afirmativa se reporta diretamente ao conteúdo semântico do termo *renda* na condição de um conceito essencialista.

Evoluindo na exposição, afirma que "renda é conceito relativo, que decorre do confronto entre entradas e saídas", culminando em expor expressamente que "Renda é um resultado positivo do exercício de determinada atividade, apurado dentro de um período".[138]

Mais adiante, o pranteado mestre afirma literalmente:

"A Constituição tem um conceito pressuposto de renda constitucional. Não depende de lei, não está na liberdade do legislador, no Brasil. É o resultado do trabalho ou do capital. Não se pode tributar o capital, mas se pode tributar o ganho com a manipulação do capital".[139]

Aqui se vê que os argumentos expostos pelo emérito professor, além de adotarem como ponto de partida de interpretação um conteúdo semântico do que é renda na sua acepção técnica e social, também se centralizam - ao menos implicitamente - no estudo dos períodos de apuração. Logo, a sua afirmação pressupõe a apuração contábil como forma de cálculo da base impositiva do imposto sobre a renda.

Contudo, discordamos frontalmente da afirmativa de que o termo renda é constituído por um conceito relativo, porquanto este, a nosso ver, decorre da sua posição quanto ao período de formação da base calculada, compreendido por um ano. Fica, contudo, esclarecido, que se adota esta afirmativa, isoladamente, tão-somente para estabelecer, com mais veemência, a dialética de argumentos opostos, uma vez que da leitura da obra total do professor Geraldo Ataliba se pode deduzir que a hipótese de incidência constitucional

---
[137] Id. Ibid., p. 22.
[138] Id. ibid., p. 23.
[139] Id. Ibid., p. 23.

dos impostos é formulada por definições compostas por elementos que formam uma suma de idéias densa e concreta.

Por isso o termo relativo por ele utilizado não tem a conotação de uma definição aberta ou elástica, na qual podem ser enxertados elementos estranhos ao contexto constitucional. Decorre, isto sim, da adoção de um critério estático de apuração, porque não reconhece um direito constitucional de compensação dos prejuízos com lucros futuros como fator dinâmico do processo de geração de renda.

Sem que se reconheça um processo continuado de formação da base de cálculo, o conceito de renda efetivamente é relativo e, como tal, não se presta para impor uma limitação ao poder de forma concreta.

Pela exposição feita no decorrer de todo nosso estudo, constata-se que o conceito deixa de ser relativo na medida em que é concretizado pelos critérios que informam o cálculo da base impositiva, consubstanciados nos postulados e princípios contábeis, que nada mais são do que critérios técnicos neutros da expressão de um valor, por via de uma linguagem (técnica e jurídica) que aplica critérios tais que permitem o reconhecimento da renda tão-somente quando ela está presente materialmente.

Com os elementos enumerados que informam o cálculo da base impositiva, define-se renda de tal forma que fica assegurado ao contribuinte pagar o imposto somente após a riqueza nova efetivamente integrar seu patrimônio, o que, sem dúvida, conforme elemento fundamental do princípio da capacidade contributiva.

Segundo nosso entender, neste contexto se mostra a utilidade do estudo do processo de formação da renda, que estaria vedado ao jurista, segundo a doutrina tributária brasileira dominante. Contudo, sem que se faça o estudo detalhado das transferências patrimoniais no processo de formação da renda, não se têm condições para delinear o direito de apropriação de custos e despesas. Sem que se fixe o postulado da identidade patrimonial, e se demonstrem os fundamentos do postulado da continuidade do processo de formação (contínua) que gera renda, não se tem fundamento para resolver a questão relativa aos períodos de apuração. Da mesma forma, sem que se adote o postulado da medida da renda num valor constante da moeda, sempre se terá um valor renda determinado por ficção.

Ademais, sem estudar os mecanismos de cálculo do que é renda, não se forma o contexto em que se devem aplicar os critérios constitucionais da generalidade e da universidade. Além disso, a proteção dos direitos dos contribuintes se fundamenta nos critérios deduzidos do texto constitucional. Falseado um dos critérios que moldura a base calculada, v. g., o do registro do bem pelo valor de sua aquisição, estará contaminado de falsidade todo o cálculo. Não atendido o critério de cálculo por moeda constante, igualmente estaremos diante de um conceito de renda relativo que não atende o princípio a igualdade que tem seus fundamentos essenciais no critério da generalidade e universalidade.

Com isso pretende-se realçar que o conceito de renda pode até ter natureza de certa forma abstrata, mas a ele estão subjacentes elementos reais, representativos dos conteúdos materiais, que, submetidos à apuração por cálculo formulado por critérios rígidos, são suficientes para se ter uma significação material objetivamente existente.

Em nosso entender, renda, além de significar um acréscimo patrimonial novo, pressupõe uma forma de cálculo, prescrita na Constituição pela formulação de critérios específicos. A Carta, além de exigir a realização de um cálculo que aponte a diferença entre os patrimônios em dois pontos temporais, ainda impõe os critérios da generalidade e da universalidade, que, como já se demonstrou, se refletem em cheio na própria forma de calcular a base impositiva. Com isso se demonstra que todos os critérios deduzidos dos postulados e dos princípios científicos de cálculo, adotados pela Contabilidade, estão implicitamente pressupostas no conceito constitucional de renda.

Diante do que se afirma, não se pode levar às últimas conseqüências a lição do professor Geraldo Ataliba, quando afirma que renda é um resultado positivo apurado dentro de um período, exatamente porque, como já se mencionou, o princípio da independência total dos exercícios financeiros implica presumir uma realidade material que, como se viu, não é plena.

Para que se alcance a verdade material, há que manter o fluxo de consumo e obtenção de recursos em caráter dinâmico. Esta exigência é preenchida, conforme se demonstrou, pela dedução dos prejuízos fiscais dos resultados futuros. Neste sentido, somente por via da apropriação dos prejuízos, o conceito de renda passa a ser cerrado, e, como tal, se fundamenta num núcleo material de limitação de poder efetivo.

Com isso se reafirma que demonstrações financeiras estáticas, estabelecidas segundo os postulados e princípios científicos da Ciência Contábil, constituem mecanismo que permite apurar uma presença do valor econômico, que não é definitivo. Pode ser tributado, mas por ter certa dose de natureza provisória, não constitui resultado definitivo.

O professor Luciano da Silva Amaro aborda aspecto importante, quando examina a periodicidade e a comunicação de resultados entre os exercícios, e pondera que, efetivamente, deve existir um período de apuração e que este pode ser superior ou inferior a um ano. No entanto, fundamenta todo o seu pensamento no seguinte pressuposto:

> "Na pessoa jurídica, em rigor, o período, segundo a legislação ordinária, é de cinco anos. Na medida em que eu posso ter prejuízo de um ano e compensar em quaisquer dos quatro exercícios sociais seguintes, eu posso ter um período de cinco anos, dentro do qual eu encerro um ciclo de tributação da pessoa jurídica".[140]

De se sublinhar que o autor fez esta afirmação quando havia prescrição legal admitindo a compensação de prejuízos.

Continua, dentro do tema, afirmando que:

> "O princípio da independência dos exercícios, na pessoa jurídica, já está excepcionado por *norma expressa na legislação tributária*. (Grifamos.) Assim, na pessoa jurídica, o problema do período é uma questão relativa também, na medida em que já há mecanismos legais para que a pessoa jurídica trabalhe na base de incidência num período de cinco anos".[141]

Como logo se vê, o autor admite a exceção ao princípio da independência dos exercícios e refere expressamente que a dedução dos prejuízos fiscais, prevista em lei ordinária, constitui um elo que vincula os resultados periódicos. Com efeito, quando afirma que há direito de compensação do prejuízos fiscais, ao menos por um período de cinco anos, admite parcialmente a apuração segundo o postulado da continuidade. Mas, como entende que há possibilidade de se fixarem períodos por critérios definitivos, contraria frontalmente o postulado mencionado, que decorre da impossibilidade factual de se obter, num corte estático, mesmo de um lapso de tempo longo, mas certo, o valor de renda econômico prescrito no texto constitucional.

Assim, verifica-se que, na realidade, transforma o postulado contábil num princípio de continuidade, que pode ser ponderado,

---
[140] Id. Ibid., p. 31.
[141] Id., ibid., p. 45.

fato que desestrutura a própria metodologia de cálculo. Logo, discordamos do professor Luciano da Silva Amaro quando aleatoriamente fixa um período para compensação dos prejuízos. Nosso entender se fundamenta no fato de haver uma dinamicidade própria no processo de formação de renda, que não admite sejam fixados, em face da sua natureza, valores definitivos antes de se promover a liquidação total do patrimônio. Se não há possibilidade de se fazer um corte definitivo a cada mês, a cada ano, ele também será inviável, pelas mesmas razões fáticas, de cinco em cinco anos. Logo, a apuração definitiva da renda que pode ser obtida a partir de um patrimônio está diretamente vinculada à própria realização total dos bens da empresa.

Conseqüentemente, afirmar que existem períodos de tempo fixos, dentro dos quais se poderá promover a compensação de prejuízos, envolve grande dose de presunção, que, a nosso ver, não pode ser adotada para efeito da definição de elementos que limitam o poder de tributar.

Misabel Derzi, no mesmo painel, expõe que:

"Só é renda o que representar um excedente, um *plus*, um acréscimo ao patrimônio, significa a riqueza nova e portanto, a idéia de continuidade necessária e a idéia de que acréscimo patrimonial, se houver, é acréscimo ao patrimônio líquido. Neste caso, despesas ou saídas desse patrimônio, que significam despesas necessárias para a manutenção desse patrimônio, são despesas obrigatoriamente dedutíveis, que o legislador não pode deixar de considerar. O que se tributa por meio da renda não é o próprio patrimônio, de modo algum, mas algo novo como excedente e, portanto, é preciso não atingir aquele mínimo indispensável à manutenção do próprio, sob pena de confundirmos renda com imposto sobre o patrimônio".[142]

Nessa afirmação, a autora deixa claro conceito sobre o que é renda: é patrimônio novo obtido num lapso de tempo. Além disso, faz outra afirmação importante: que a despesa consiste em saídas de patrimônio. Ou seja, é o fluxo do patrimônio que se dá num processo, para se obter, por troca direta ou indireta, outro patrimônio, no futuro.

Sob o título de *formas de apurar renda*, a autora mineira aproxima-se desta idéia e expõe que o lucro não é apurado unicamente em relação aos fluxos de entradas e saídas para satisfação das necessi-

---

[142] Id. Ibid., p. 45.

dades, para manutenção do próprio patrimônio, visto que somente o excedente a este fluxo, dentro de um período, é considerado renda.

Continua, afirmando que, especificamente para efeito de apuração do lucro na pessoa jurídica, se leva em consideração, além desses fluxos (de entradas e saídas), também uma comparação entre balanços, em que o encerramento de um balanço constata um patrimônio relativo a um determinado período, que coincide com o de abertura do correspondente ao próximo. Compara-se então este balanço de abertura (que contém os elementos do período encerrado imediatamente anterior) com o balanço do final do período e verifica-se o resultado.

Neste contexto, afirma que, além dos fluxos de troca, deve ser considerada a perda de valor do patrimônio afetado à atividade empresarial, que é registrada como depreciação, que nada mais é do que o consumo de serviços contidos nos bens.

Aliás, aqui a professora Mizabel Derzi reconhece implicitamente a aplicação dos critérios contábeis, trazendo-o ao âmbito constitucional, quando adota seus princípios como mecanismos de quantificação de renda. A autora inclusive se refere também, indiretamente, ao postulado da Identidade, justificando a separação de determinado patrimônio afetado a determinada atividade.

Assim, ao demonstrar que a lei, ao afetar determinados bens a um fim específico, admitindo que se promova o fluxo destes recursos com vista a alcançar a mais-valia na troca, efetivamente está também implicitamente aludindo ao postulado da Continuidade, pressupondo um tratamento não-estático, nem isolado dos bens, admitindo um sentido de propriedade dinâmica e produtiva.[143]

Logo, mesmo não discutindo os critérios contábeis específicos, a autora, de certa forma, orienta suas conclusões na mesma direção apontada pelas conclusões a que chegamos neste estudo.

José Artur Lima Gonçalves, em seu livro, fruto de sua tese de doutoramento, em estudo profundo sobre o tema, consigna a este propósito:

> "Para que haja renda, deve haver acréscimo patrimonial - aqui entendido como incremento (material ou imaterial, representado por qualquer espécie de direitos ou bens, de qualquer natureza - o que importa é o valor em moeda do objeto desses direitos) -, ao conjunto líquido de direitos de um dado sujeito".[144]

---

[143] Id., Ibid., p. 47.
[144] *Imposto sobre a renda*, p. 180.

Constata-se assim que, em termos genéricos, o presente estudo chega às mesmas conclusões desse autor.

Efetivamente, José Artur Lima Gonçalves expõe o critério material teórico do termo *renda*, sem aludir expressamente à Contabilidade e seus critérios de apuração de resultado, mas deixa claro que este valor, que representa renda, emerge de um "conjunto líquido de direitos", o que requer um sistema de critérios de quantificação específica. Logo, de forma implícita, o conceito que identifica se harmoniza, em grande parte, com as questões enfrentadas no presente estudo.

Pelas posições apresentadas quanto ao conceito de renda, tem-se, pois, fundamento para afirmar que, na idéia fixada sobre o conceito de renda pela doutrina, aflora nitidamente o critério material, elaborado no âmbito da Ciência Econômica, compreendido na expressão "produção de riqueza nova".

Mas, de um modo geral, os autores, quando afirmam que os períodos são fixos e que a compensação dos prejuízos fiscais pode ser limitada, estabelecem um conceito de renda relativo, com o que não se concorda. O conteúdo material do termo renda se forja pela Ciência Econômica, e sua apuração se faz pelos critérios de cálculo fixados pela Ciência Contábil, que busca estabelecer a verdade material do evento renda dentro de um processo de apuração indeterminado.

Trata-se, pois, de riqueza nova factual, cientificamente estabelecida pelos critérios de quantificação instituídos pelos princípios contábeis, devidamente conformados nos limites dos postulados contábeis identificados pela ciência. Em face disso, reenfatiza-se que os critérios que permitem o estabelecimento da verdade material no que se refere à quantificação do patrimônio estão contidos nos postulados e critérios constitucionais, que pressupõem um cálculo cientificamente estruturado.

O conceito se fecha não no princípio da independência dos exercício, mas no postulado da Continuidade e no princípio da realização factual da renda, feita a partir do registro dos direitos patrimoniais, calcado no custo histórico dos bens que compõem o patrimônio da empresa. Sem que se apliquem estes postulados, simplesmente não se tem como estabelecer o fato renda de tal forma que represente a verdade material. Logo, vê-se que estes postulados suprem duas finalidades: a) orientam o modo de aplicar critérios que alcancem a finalidade da Contabilidade como ciência; b) são formas aplicativas do direito constitucional na identificação do que é renda.

11.1. Limites de aplicação da Lei Complementar

Quando se tratou da questão da validade e eficácia das leis no contexto da Constituição brasileira - logo no âmbito da teoria geral da Constituição -, demonstrou-se que no art. 146 da Carta não se nega competência ao legislador complementar para que densifique conotativamente o conceito de renda com os elementos caracterizadores deste evento, emergentes do conteúdo factual que o termo tem na sua acepção real no ambiente social e técnico científico. Também não se lhe nega a possibilidade de, em casos específicos, intervir na limitação do poder de tributar e na definição de competências. Estas questões, por corte metodológico, foram excluídas do presente estudo, que se centralizou nas formulação no conceito de renda e na apuração da respectiva base calculada.

Já se referiu que, ao se considerar o que prescrevem os arts. 43 e 44 do CTN, que visam a conceituar o que é renda, culmina-se em mera interpretação literal, extraída de um segundo plano de linguagem. Vale dizer, extrai-se um conteúdo de uma simples frase, sem que se dê importância a elementos essenciais, v. g., a proteção dos direitos e garantias individuais, e se molda um conceito de renda relativo que permite seja violado, a toda hora, o Texto Magno.

Por estes argumentos, reenfatiza-se preliminarmente que os arts. 43 e 44 do CTN - que tratam da moldurarão da base calculada do imposto de renda - fazem mera declaração e reescrevem o conceito constitucional de renda, mas o fazem de forma incompleta.

Vale, pois, a transcrição do primeiro preceito citado:

"Art. 43 - O imposto, de competência da União, sobre renda e proventos de qualquer natureza tem como fato gerador a aquisição da disponibilidade econômica ou jurídica
I - de renda, assim entendido o produto do capital, do trabalho ou da combinação de ambos;
II - de proventos de qualquer natureza, assim entendidos os acréscimos patrimoniais não compreendidos no inciso anterior".[145]

Refere-se que renda é produto de capital ou do trabalho, ou ainda, a combinação de ambos. Estes elementos efetivamente estão presentes como componentes do conceito, que reconhece a existência de um núcleo originário de renda, constituído por um acréscimo.

---
[145] Código Tributário Nacional.

Além disso prescreve o dispositivo que este acréscimo é um produto de capital, de trabalho, ou a combinação de ambos. Logo, retira-se do contexto do conceito de renda todo acréscimo que não é produto - ou de capital, ou de trabalho, ou ainda, a combinação de ambos. Aprofundando a análise, levando às últimas conseqüências o fator produto, que constitui a base calculada do imposto, chega-se a um elemento necessariamente independente. Tem-se, por isso, base para afirmar que o CTN exige que o valor - de produto novo - seja considerado separadamente do capital empregado.

Mas esta significação já está contida na acepção do próprio termo *renda*, quando empregado no contexto técnico, desde que seja tido como a representação de uma realidade objetivamente existente.

Esta exigência realmente vem coadunar-se com o conceito econômico, que, para reconhecer renda, exige a realização da transferência de um acréscimo novo a um determinado patrimônio, por via de troca. Antes da troca não se terá um valor independente, quantificável e consolidado. Já neste estágio de análise se poderia afirmar que o CTN, por seu art. 43, prescreve, de forma quase expressa, que a mera transferência de renda, que não resulte de produção, não constitui renda.

Este preceito, assim, já prepara um núcleo de significação deste elemento - separação de renda -, que é densificado pela exigência da presença da disponibilidade jurídica ou econômica da renda.

Assim, o preceito em causa introduz o pressuposto de que, - para se poder reconhecer a existência de renda - previamente - o contribuinte deve ter a disponibilidade da renda garantida, ou por uma relação jurídica, dependendo do cumprimento, ou então, já tenha a disponibilidade efetiva do preço. Constatou-se, tanto na análise direta do termo renda, como na indireta, que o pressuposto configurativo de renda é um direito patrimonial novo. Viu-se também que, para que haja direito à exigência do imposto deve existir, previamente, seu pressuposto causador. No caso, este pressuposto, esta hipótese jurídica, nada mais é do que a necessária materialização de acréscimo (novo) de patrimônio.

Com isso, pode-se afirmar que este preceito enumera elementos que compõem a significação do conceito de renda, que, associado ao seu surgimento como produto de capital, fixa o elemento temporal do surgimento definitivo da renda no átimo em que o contribuinte tenha possibilidades jurídicas de exigi-la, ou então, quando dispuser do acréscimo para usufruí-lo.

Esta disponibilidade de recursos novos ocorre na pessoa jurídica toda vez que recebe um valor. Mas a renda não é faturamento, devendo ser introduzida num sistema de cálculo dinâmico que estabeleça mecanismo de comunicação entre os valores apurados num exercício com os que serão recebidos no futuro. Esta regra, que é de suma importância, não está contida no preceito.

Por outro lado, o princípio da capacidade contributiva, implícito nas Constituições anteriores e explícito na vigente, igualmente se conforma com o princípio da realização econômica e, de certa forma, rejeita a mera disponibilidade jurídica - pura e simples - como critério definitivo de reconhecimento da existência definitiva de renda.

Por isso se reenfatiza a harmonia do critério contábil com os fundamentos jurídicos de renda, quando reconhece o mero crédito como mutação patrimonial efetiva, mas impõe que este crédito seja adequado à realidade por uma provisão do valor cuja recepção não seja certa dentro de critérios históricos.

Há a disposição compreendida pelo inciso II do art. 43 que prescreve serem proventos de qualquer natureza os acréscimos patrimoniais não compreendidos no inciso anterior.

Este preceito, aparentemente, não tem grande aplicabilidade no contexto da pessoa jurídica, que é um núcleo que enfeixa interesse exclusivamente de direitos patrimoniais, e está voltada à produção de renda por via da aplicação de seu capital.

Mas a própria Constituição, quando se refere à renda, também inclui na atribuição de competência para tributar os proventos de qualquer natureza. Deve-se, pois, examinar se a pessoa jurídica está qualificada para receber proventos. Entram então em cena acréscimos patrimoniais, na empresa, que não constituem produto de capital, sobre cuja natureza pende esta discussão.

Estas questões, no presente contexto, somente são postas como ressalvas que cabem dentro do conceito de renda e deixamos claro, desde logo, que não concordamos com que proventos - na pessoa jurídica - possam ser qualificados como qualquer outro acréscimo que não seja produto de capital. Filiamo-nos à linha de pensamento adotada por José Artur Lima Gonçalves, que afirma:

> "Antes de qualquer outra cogitação, saliente-se que, para nós, o conceito de renda é gênero que encampa a espécie 'proventos de qualquer natureza' razão pela qual referiremos aqui apenas o gênero, sem preocupação de tratar separadamente da espécie".[146]

---
[146] *Imposto de renda*, p. 174.

Logo, deixa-se marcado que este conceito de proventos de qualquer natureza, feito pelo inciso II do art. 43 do CTN, deve ser interpretado como mera espécie de renda, que no contexto constitucional, se resume à percepção de transferências de renda de entidades assistenciais públicas, como pecúlios, aposentadorias, etc. É neste sentido que se posiciona Geraldo Ataliba, ao afirmar: "provento é o dinheiro recebido por uma pessoa em razão do trabalho, mas depois que ela já deixou de trabalhar por motivo de idade ou doença".[147]

Uma vez que, como já visto, o conceito tem por função identificar os elementos que viabilizam a estruturação semântica da significação, por via do traçado de uma imagem mentalmente captada, este inciso dois nada acrescenta de específico, de legalmente aproveitável. Ao contrário, está em franca discordância com a Constituição, quando não restringe a hipótese de incidência do imposto de renda a produto do trabalho, do capital, ou da combinação de ambos. Em face desse argumento, excluem-se, pois, expressamente do contexto genérico de tributação as meras transferências de renda já existentes entre pessoas, tais como capitalização de valores nas empresas, heranças, doações, etc.

O art. 44 do CTN prescreve que a base de cálculo do imposto - logo a renda - é o montante real, arbitrado ou presumido. Quanto à quantificação de renda, rejeitou-se expressamente a possibilidade de fazer presunções, e muito menos ficções - que ocorrem no arbitramento para efeito da concretização da base calculada do imposto - pela simples razão de se estar diante de um controle do poder por via de um conceito constitucional material. Se o legislador ordinário puder prescrever ficções, ou presunções, este controle se transformará em fonte de arbítrio.

A presunção e o arbitramento são mecanismos de cálculo que podem ser admitidos somente em duas hipóteses. A primeira, para o cálculo do imposto, desde que se permita ao contribuinte optar definitivamente pela aplicação da presunção no momento em que tem os dados disponíveis para o cálculo definitivo de seu tributo.

Esta afirmativa se fundamenta simplesmente no fato de constituir direito pessoal e como tal indisponível, e também dever do contribuinte, pagar seu tributo com base na verdade ontologicamente estabelecida. Este direito se insere na própria formação da personalidade jurídica, e por isso não pode ser renunciado. A base

---
[147] Periodicidade do imposto de renda. *Revista do Direito Tributário*, p. 57.

de cálculo tem subjacente um fato, caraterizado por um evento, e a dimensão deste é que determina o valor a ser recolhido.

Também não se pode olvidar que, por princípio, a obrigação tributária é relação jurídica que se estabelece *ex lege* o que afasta a vontade do contribuinte, como fator relevante, do âmbito da conformação da relação jurídica tributária. O núcleo material do pressuposto que desencadeia a relação de débito e crédito é constitucional. Entra em cena o fato concreto, e a escolha, a vontade do contribuinte não tem o poder de alterar os elementos que, reunidos, conformam o antecedente da relação jurídica.

Há um outro fator, qual seja, recolher tributo não implica aposta do contribuinte no sentido de vislumbrar, v. g., no início do exercício, o resultado do seu sistema de produção de renda no final do período.

Com isso se afirma expressamente que, uma vez admitida por lei, pode-se adotar a presunção de lucro como forma de redução de complexidade de cálculos e de fiscalização. O regime, uma vez adotado pelo contribuinte, tem validade para ser oposto contra a Fazenda Nacional, que, ao permiti-lo, buscou facilitar o seu controle administrativo. Mas a Fazenda Nacional não tem o poder jurídico de impor ao contribuinte, mesmo com base em lei, uma apuração específica, por presunção, ainda que em virtude de uma opção anterior que implique o recolhimento de tributo acima do que é devido, em face da renda concretamente existente. A opção que implicou pagamento acima do que é realmente devido, em razão do pressuposto material renda, constitui pagamento indevido, sujeito a restituição.

Como uma segunda hipótese, admite-se a tributação por presunção nos casos excepcionais em que o contribuinte não cumpriu sua obrigação de documentar os fatos - ou de propósito os falseou - que compõem a base calculada da hipótese de incidência. O fisco tem por obrigação perseguir o estabelecimento da verdade material e somente poderá optar pelo mecanismo de cálculo - por presunção - nos espaços em que a verdade material não puder ser estabelecida pelo lançamento, em face de ato irregular praticado pelo contribuinte. Afirma-se, assim, que a presunção é mero mecanismo de cálculo aplicável quando ausente a documentação dos fatos concretos que provocaram a variação quantitativa patrimonial que consubstancia renda. O arbitramento, por tais razões, somente poderá ser adotado em casos extremos, e requer, como qualquer prática de ato administrativo, uma fundamentação convincente. Contudo, sobrevindo o cálculo definitivo, por via material, formalmente estabelecido, o cálculo por presunção ou por arbitramento deverá ser abandonado. Este tema tem grande importância no âmbito da tributação, mas está situado no contexto do lançamento, e por isso não nos deteremos por mais tempo em seu estudo.

Em resumo, a renda deve esta caraterizada por evento econômico. A sua presunção ou arbitramento somente pode ser feita quando existem indícios de que houve omissão do contribuinte em fazer os respectivos registros que legalmente lhe eram exigidos. Assim, tanto a presunção como o arbitramento terão de ter como pressupostos a certeza de que a renda existiu, mas que somente não foi trazida ao plano dos fatos jurídicos concretos. Contudo, no âmbito da discussão, essencialmente da liquidação da base calculada, o contribuinte sempre terá direito de, demonstrada a verdade factual, ser tributado segundo sua efetiva capacidade contributiva.

Considerando todos os argumentos postos no presente estudo, e os específicos referidos no presente subtítulo, têm-se elementos suficiente para afirmar que os arts. 43 e 44 do CTN expressam conteúdos que efetivamente caraterizam alguns elementos que constituem a suma de idéias formadora da significação do termo *renda*.

O conceito expresso por esses dois dispositivos, contudo, pelo fato de não terem especificado todos os elementos que integram e delimitam a produção dinâmica, e critérios específicos de quantificação do valor renda - contidos no plano profundo da linguagem constitucional - não se prestam a qualquer interpretação definitiva.

Destarte, nossa conclusão é de que o art. 43, até determinado ponto, encaminha a identificação de alguns elementos que moldam o significação do termo *renda* e pode ser útil para a interpretação como conceito parcial, mas não é indispensável para o intérprete, que, para aplicá-lo, deve manter-se nos limites constitucionais. Por isso, nada impede que seja invocado para conceituar renda, desde que não se adote como conceito literal. Na dimensão literal, este conceito é parcial, é provisório, e está desvinculado do sistema de referência de sua base semântica, que encerra toda a discussão constitucional acerca do termo *renda*.

Por outro lado, os elementos que podem ser extraídos dos enunciados frásicos contidos nos arts. 43 e 44 do CTN estão desatualizados, uma vez que não contemplam os critérios da generalidade e da universalidade, introduzidos literalmente na Constituição de 1988. Contudo, como já se referiu, o critério da generalidade e da universalidade traduzem elementos de concretização do princípio da isonomia, e dele são facilmente dedutíveis. Assim, o CTN deveria tê-los enunciado, porque estavam implícitos, e, essencialmente, porque assumiu função declarativa, no contexto jurídico, de expressar melhor o conceito constitucional, com vista, inclusive, a buscar a concretização dos princípios constitucionais nas decisões aplicadoras de direito.

Se o conceito de renda pode ser aceito dentro dos limites referidos, o mesmo já não ocorre com o conceito de proventos. Isso porque o art. 43 do CTN contraria a Constituição quando define proventos de qualquer natureza, por omitir elementos essenciais na formação da significação de renda. Conseqüentemente, produz conceito parcial, que, como tal, não se presta para ser aplicado na solução dos casos concretos.

Assim, o legislador complementar, que tem por limite de articulação dos conceitos que emite a Carta Política em seu todo, não traduziu este todo nos seus enunciados. Por isso, é no contexto constitucional que o intérprete deve buscar a solução de cada caso, extraindo o resultado da atuação da combinação de todos os conteúdos existentes neste plano profundo da Carta Política, para aplicá-los em cada caso concreto.

Bibliografia

ALEXY, Robert. *Teoria de los derechos funamentales*. 1997, Madri: Fernández Ciudad, S. L. Centro de Estudios Constitucionales. Título original *Theorie der Grundrechte*, 1986. Ernesto Gárzón Valdés (trad).

AMARO, Luciano da Silva. Periodicidade do Imposto de Renda I. Mesa de Debate. VII Congresso Brasileiro de Direito Tributário realizado de 15 a 17 de setembro de 1993. *Revista de Direito Tributário* nº 63.

ATALIBA, Geraldo. *Hipótese de incidência tributária*. 5.ed. São Paulo: Malheiros, 1997

———. Periodicidade do Imposto de Renda I. Mesa de Debate. VII Congresso Brasileiro de Direito Tributário realizado de 15 a 17 de setembro de 1993. *Revista de Direito Tributário* nº 63.

———. *Sistema Constitucional Tributário Brasileiro*. São Paulo: Editora Revista dos Tribunais. 1967.

BARRETO, Aires. *Base de Cálculo, Alíquota e princípios constitucionais*. São Paulo: Editora Revista dos Tribunais, 1986.

BASTOS, Celso Ribeiro. *Lei complementar teoria e comentários*. São Paulo: Saraiva, 1985.

BECKER, Alfredo Augusto. *Teoria geral do direito tributário*. São Paulo: Saraiva, 1963.

BOBBIO, Norberto. *Teoria do ordenamento jurídico*. Trad. Maria Celeste Cordeiro Leite dos Santos. 10.ed. Brasília: Universidade de Brasília, 1997.

———. *Teoria della norma iuridica*. 1958, Trad. Maria Celeste de Cordeiro dos Santos, Brasília: MB Polis, 1991.

BORGES, José Souto Maior. *Lei complementar tributária*. Revista dos Tribunais. São Paulo: RT, 1995.

CANOTILHO, José Joaquim Gomes. *Direito constitucional*. 6.ed. Coimbra: Livraria Almedina, 1996.

CARRAZZA, Roque Antônio. *Curso de direito constitucional*. São Paulo: Malheiros, 1993.

CARVALHO, Paulo de Barros. *Direito tributário. Fundamentos jurídicos da incidência*. São Paulo, Saraiva, 1998.

———. *Curso de Direito Tributário*, 6. ed. São Paulo: Saraiva, 1993.

CARVALHOSA, Modesto. Imposto de renda, conceituação no sistema tributário da carta constitucional. *Revista do Direito Público*. n. 188.

COELHO, Inocêncio Mártires. *Interpretação constitucional*. Porto Alegre: Sergio Antonio Fabris Editor, 1997.

CONSELHO REGIONAL DE CONTABILIDADE DO RIO GRANDE DO SUL. *Princípios fundamentais de contabilidade e normas brasileiras de contabilidade*. Porto Alegre: CRCRS, 13.ed. revisada e atualizada.

CÓSSIO, Carlos. *La teoria egológica del derecho el concepto jurídico de libertad*. Sérgio Antonio Frabris Editor.

DE PLÁCIDO E SILVA. *Vocabulário jurídico*. v. III, Rio de janeiro: Forense.

DERZI, Misabel. Periodicidade do Imposto de Renda I. Mesa de Debate. VII Congresso Brasileiro de Direito Tributário realizado de 15 a 17 de setembro de 1993. *Revista de Direito Tributário* nº 63.

FIPECAFI, Arthur Andersen e. *Normas e práticas contábeis no Brasil*. 2.ed. São Paulo: Atlas, 1994.

FREITAS, juarez. *Interpretação Sistemática do Direito*. São Paulo: Malheiros, 1995.

FRONTIM, Paulo. Periodicidade do Imposto de Renda I. Mesa de Debate. VII Congresso Brasileiro de Direito Tributário realizado de 15 a 17 de setembro de 1993. *Revista de Direito Tributário*. nº 63.

FGV - Fundação Getúlio Vargas. A distinção entre Princípios e Regras e a Redefinição do Dever de Proporcionalidade. *Revista do Direito Administrativo* nº 215. Jan./mar. 1999, p. 158.

GADAMER, Hans-Georg. *Verdade e método*. Traços fundamentais de uma Hermenêutica filosófica. Tradução: Flávio Paulo Mendes 3. ed. Vozes, 1999.

GONÇALVES, José Artur Lima. *Imposto sobre a renda pressupostos constitucionais*. São Paulo: Malheiros, 1997.

———. *Direito tributário*. Estudos em Homenagem a Geraldo Ataliba. São Paulo: Malheiros.

GRAU, Eros Roberto. *Direito posto e direito pressuposto*. 2.ed. São Paulo: Malheiros.

HESSE, Konrad. *Escritos de derecho constitucional*. Madri: Centro de Estudos Constitucionales, 1983.

———. *Força normativa da constituição*. Trad. Gilmar Ferreira Mendes. Porto Alegre: Sérgio Antônio Fabris Editor, 1991

IUDICIBUS, Sérgio de. *Teoria da contabilidade*. 4.ed. São Paulo: Atlas, 1994.

JUSTEN FILHO, Marçal. Periodicidade do Imposto de Renda I. Mesa de Debate. VII Congresso Brasileiro de Direito Tributário realizado de 15 a 17 de setembro de 1993. *Revista de Direito Tributário*. nº 63.

LAMEGO, José. *Hermenêutica e Jurisprudência*. Análise de uma recepção. Lisboa: Editorial Fragmentos, 1989.

LEMBKE, Gisele. *O imposto de renda, os Conceitos da Renda e de disponibilidade Econômica e Jurídica*. São Paulo: Dialética, 1998.

LANG, Joachim. *Die Bemessungsgrundlage der Einkommensteuer: rechtssystemat. Grundlagen steuerl. Leistungsfähigkeit im deutschem Einkommensteuerrecht*. Köln: Dt. Ohto Schmidt, 1988.

MACHADO, Brandão. *Estudos sobre o imposto de renda*. Breve Exame Crítico do artigo 43 do CTN. São Paulo: RT, 1994.

MOSQUEIRA, Roberto Quiroga. *Renda e proventos de qualquer natureza. O imposto e o conceito constitucional*. São Paulo: Dialética.

NIVETTE, Joseph. *Princípios de gramática gerativa*. Tradução e adaptação ao português de Nilton Vasco da Gama. São Paulo: Pioneira, 1975.

PASQUALINI, Alexandre. *Hermenêutica e Sistema Jurídico - Uma Introdução à Interpretação Sistemática do Direito*. Porto Alegre: Livraria do Advogado, 1999.

PEDREIRA, José Luiz Bulhões. *O imposto sobre a renda - pessoas jurídicas*. Justec Editora. 1997.

——. *Finanças e Demonstrações Financeiras da Companhia*. Rio de Janeiro: Forense, 1989.

QUEIROZ, Luiz César Souza de. *Sujeição passiva tributária*. Rio de Janeiro: Forense, 1998.

SANTAELLA, Lucia. *Produção de linguagem e ideologia*. 2. ed. São Paulo: Cortez Editora.

SANTI, Eurico Marcos Diniz de. *Lançamento tributário*. São Paulo: Max Limonad, 1996.

SELLIGMAN, Edwin. *The Income Tase*. New York, 1911.

SILVA, José Afonso da. *Aplicabilidade das normas constitucionais*. São Paulo: Revista do Tribunais, 1982.

SOUSA, Rubens Gomes de. *Comentários do Código Tributário Nacional*. 2.ed. Revista dos Tribunais. São Paulo: RT, 1985.

——. Um caso de ficção legal no direito tributário: a pauta de valores como base de cálculo do ICM. *Revista do Direito Público*. vol. 11.

——. A evolução do conceito de renda tributável. *Revista do Direito Público*. vol. 14.

STRECK, Lenio Luiz. *Hermenêutica jurídica e(m) crise: uma exploração hermenêutica da construção do direito*. 2.ed. rev. ampl. Porto Alegre: Livraria do Advogado, 2000.

VILANOVA, Lourival. *Causalidade e Relação no Direito*. 2. ed. São Paulo: Saraiva, 1989.

Indústria Gráfica Ltda.
Fone/Fax: (51) 318-6355
e-mail: mig@mig.com.br
www.mig.com.br